Jutta D. Blume
Frauen wollen reden – Männer hören nicht zu

Jutta D. Blume

FRAUEN wollen reden MÄNNER hören nicht zu

Tipps und Anregungen für eine glückliche Beziehung

MOEWIG

© by VPM Pabel-Moewig Verlag KG, Rastatt
www.MOEWIG.de
Originalausgabe
Alle Rechte vorbehalten
Umschlagfoto: Premium
Printed in Germany
ISBN 3-8118-1762-0

Inhalt

1. Über dieses Buch 9
   Wie alles begann 9

**2. Die Mann-Frau-Beziehung
im Wandel der Zeiten** 23
   Wie eine Persönlichkeit entsteht. 23
   Ein kleiner Ausflug in die Frühgeschichte 24
   Die Frau – die Verantwortliche für soziales Miteinander . . 25
   Der Mann – der Verantwortliche für Nahrung und
      Überleben 27
   Das neue Zeitalter der Mann-Frau-Beziehung 30
   Sandra 32
   Persönliche Vertiefungsübung »Ur-Frau/Ur-Mann« 34
   Abstand und Nähe 35

**3. Was Hänschen gelernt, verlernt
Hans nur sehr schwer** 39
   Auch Umgebungsfaktoren prägen unsere Persönlichkeit . . 39
   Das »innere Kind« – unsere emotionale Wirklichkeit 42
   Der »innere Erwachsene« als gelernte Erziehungsinstanz. . 43
   Die Opfer-Reaktion – das Verliererspiel 43
   Susanne 44
   Die Strategie der zwei Ichs – das Siegerspiel 47
   Frank 48
   Persönliche Vertiefungsübung »Selbstbild« 50
   Die Schubladentechnik. 51
   Persönliche Vertiefungsübung »Männer-/Frauenbild« . . . 53

**4. Beziehungsdynamik: Zwei »innere
Kinder« begegnen sich** 55
   Die Illusionen von der Liebe 55
   Der Frühling 58

Der Sommer 59
Der Herbst 61
Der Winter 62
Persönliche Vertiefungsübung »Lieblingsstrategien« 64
Rollenspiele zwischen Freiheit und Nähe 65
Das Rollenspiel des Freiheitsliebenden 66
Markus 66
Persönliche Vertiefungsübung »Freiheitsliebe« 71
Das Rollenspiel des Nähe Liebenden 72
Gabi 74
Persönliche Vertiefungsübung »Sehnsucht nach Nähe« . . 79
Was bei einem Streit passiert – im Netz der Projektionen . 79
Persönliche Vertiefungsübung »Projektionen« 85

5. Warum Frauen immer reden und
Männer alles besser wissen 87
Anleitung für einen Blitzkrieg 87
Die Sprache der Frau – auf Verbindung ausgerichtet 89
Christiane und Heike 90
Wie man(n) in den Fettnapf steigt 92
Christiane und Udo 92
Die Sprache des Mannes – auf Unabhängigkeit
   ausgerichtet 94
Karin und Günther 98
Geschlechtsspezifische Unterschiede: um Hilfe bitten . . . 101
Geschlechtsspezifische Unterschiede: Lieblingsthemen . . 102
Geschlechtsspezifische Unterschiede:
   problemorientiert oder lösungsorientiert? 103
Thomas und Silke 104
Persönliche Vertiefungsübung »Sprachführer« 105

6. Konstruktiv streiten – wie geht das? 107
Drei goldene Regeln für einen gelungenen Streit 107
1. Regel: Ich spreche in Ich-Botschaften 108
Persönliche Vertiefungsübung »Ich-Botschaften« 109

2. Regel: Mein Partner ist nur der Auslöser für meine
emotionale Reaktion, die Lösung liegt in mir. 111
Der Bauer und die Tauben 111
Persönliche Vertiefungsübung »Die Lösung
liegt in mir!« 116
3. Regel: Was mein Partner sagt sind
Ich-Botschaften. 116
Persönliche Vertiefungsübung
»Das Dolmetscher-Diplom«. 119
Martina und Heiko 120

7. Abhängigkeit ist »out« – Liebe ist »in« 125
Die neue Unabhängigkeit in echte Freiheit
verwandeln 128
Persönliche Vertiefungsübung »Verstrickungen« 131
Peter und Sabine 131
Persönliche Vertiefungsübung »Bedingungen« 134
Ursache und Auslöser unterscheiden lernen 135
Der professionelle Filmkritiker 137
Sofortmaßnahmen am Unfallort – ein Erste-Hilfe-Kurs . . 141
Claudia 144
Der innere Richter. 145
Vorsicht – Virus! 148
Petra und Bernd 150
Margit und Wolfgang 151
Persönliche Vertiefungsübung »Virenscanner« 154
Die Selbstliebe nähren 154
Die Quelle in unserem Herzen finden 157
Rezept, um sich selbst den Rest zu geben 158
Rezept, um in unsere Kraft zu kommen 159
Persönliche Vertiefungsübung »Selbstheilung« 160

8. Grenzen finden und liebevoll achten 163
Sich selbst akzeptieren – Grenzen finden 164
Abwehrmechanismen durchschauen 165

Michael und Kerstin 170
Persönliche Vertiefungsübung »Die eigenen
Grenzen schützen«. 173
Ein Rückblick 174
Abschlussübung für das Unterbewusstsein 175
Persönliche Vertiefungsübung
  »Erwartungs-Ergebnis-Vergleich«. 178

Anhang 181

Zur Vertiefungsübung »Erwartungen/Ziele«: 181
Zur Vertiefungsübung »Ur-Frau/Ur-Mann«: 181
Zur Vertiefungsübung »Selbstbild«: 182
Zur Vertiefungsübung »Männer-/Frauenbild«: 183
Zur Vertiefungsübung »Lieblingsstrategien«: 184
Zur Vertiefungsübung »Freiheitsliebe«: 184
Zur Vertiefungsübung »Sehnsucht nach Nähe«: 186
Zur Vertiefungsübung »Projektionen«: 187
Zur Vertiefungsübung »Sprachführer«: 188
Zur Vertiefungsübung »Ich-Botschaften«: 189
Zur Vertiefungsübung »Die Lösung liegt in mir«: 190
Zur Vertiefungsübung »Das Dolmetscher-Diplom«: . . . 191
Zur Vertiefungsübung »Verstrickung«: 192
Zur Vertiefungsübung »Bedingungen«: 192
Zur Vertiefungsübung »Virenscanner«: 194
Zur Vertiefungsübung »Selbstheilung«: 197
Das allabendliche Selbstwert-Training: 198
Zur Vertiefungsübung »Die eigenen Grenzen schützen«: . 199
Zur Vertiefungsübung »Erwartung-Ergebnis-Vergleich«: . 201

Bücherliste 203

1. Über dieses Buch

Wie alles begann

Sie halten dieses Buch in Ihren Händen, weil der Titel Sie irgendwie angesprochen hat. Vielleicht haben Sie gerade ein Problem in Ihrer Beziehung und fragen sich, wie Sie es lösen können. Vielleicht liegt aber auch eine krisenhafte Partnerschaft hinter Ihnen, über die Sie sich noch Gedanken machen. Oder vielleicht sind Sie auch einfach nur an dem Thema interessiert und möchten sich weiterentwickeln. Was auch immer *Ihr* Grund sein mag, es hat irgendetwas mit Ihnen selbst zu tun, und ich möchte Sie herzlich willkommen heißen, mit mir und den vielen anderen, denen es ähnlich geht, diese »Reise« zu unternehmen. Eine Reise durch die »Jahreszeiten der Liebe«. Anfangs sind wir frisch verliebt und alles klappt wie von selbst, dann kommen die ersten Auseinandersetzungen, schließlich ernste Trennungsgedanken und manchmal sogar die Trennung.

Die Rollen in den Partnerschaften haben sich durch die lange Zeit, in der es uns Menschen gibt, dramatisch verändert. Früher waren Beziehungen mehr eine dem Überleben dienende Notgemeinschaft in einer rauen und gefährlichen Welt. In unserer heutigen Gesellschaft können wir auch als Single gut überleben. »Was, um Himmels willen, treibt uns dann immer wieder von einer Beziehungsmisere in die nächste?!«, so mag man sich fragen. Erich Fromm, der bekannte Psychoanalytiker, Schriftsteller und Philosoph, sagte einmal, es gibt wohl kaum eine Aktivität, die mit so ungeheurer Hoffnung und ungeheuerem Einsatz begonnen wird und die mit einer solchen Regelmäßigkeit fehlschlägt wie die Liebe. Wenn wir aber nicht miteinander können und nicht ohneeinander – dann muss es einen sinnvollen Weg geben, der, vielleicht auf eine andere Art als bisher, zu Liebe und Intimität führt.

Die Liebe und das Miteinander von Mann und Frau war schon immer ein zentrales Thema von uns Menschen, wenn nicht sogar *das* Thema schlechthin – sehen wir einmal vom Überlebenswunsch selbst ab. Der Magnetismus zwischen den Geschlechtern ist so alt wie der Kampf zwischen ihnen. Und wie in der Menschheitsgeschichte, so ist es auch im Leben jedes Einzelnen von uns immer wieder die Liebe, die uns im Innersten berührt, uns am meisten glücklich macht und am tiefsten quält. Fast alle Geschichten und Märchen, die wir schon als Kinder hörten, ranken sich wundersam und romantisch um die Liebe zwischen dem Märchenprinzen und seiner Prinzessin. Es gibt kaum ein Buch, kaum einen Film und kaum ein privates Gespräch, das nicht zumindest irgendetwas mit der Liebe zu tun hat. Selbst die Werbung macht sie sich zunutze. Ist es da ein Wunder, dass wir uns, tief in unserem Innern, eine bestimmte Vorstellung davon machen, wie »es« zu sein hat? Aber warum ist »es« dann in Wirklichkeit, spätestens nach ein paar Jahren, so ganz anders?

Es war vor elf Jahren, als auch ich wieder einmal völlig ratlos auf meiner Couch saß und mich vor den Scherben einer gescheiterten Beziehung wiederfand. Ich war mir sicher, dass ich alles in meiner Macht Stehende versucht hatte, um dieser Liebe durch meine ganze Energie und Aufmerksamkeit einen glücklichen Verlauf zu geben. Doch selbst mein Studium in Psychologie und viele Jahre der Ausbildung in Kommunikationstechniken hatten mir nicht geholfen, die scheinbare Kluft zwischen mir und meinem Partner zu überwinden. Trotz aller Bemühungen war ich wieder an diesem Punkt angekommen, an dem alles vergeblich gewesen schien. Das letzte Stadium einer Beziehung lag hinter mir: die Phase, in der jedes Gespräch, das einer Klärung und Versöhnung dienen sollte, bald in gegenseitige Vorwürfe mündete, erneut zu einem Streit führte und die Verletzungen auf beiden Seiten noch größer wurden. Und immer dieses Leeregefühl, das mich zu fragen schien: das soll alles gewesen sein?

Die Zeiten, in denen ich dachte, es müsse nur »der Richtige« kommen, lagen damals schon hinter mir. Ebenso das grimmige Urteil, Männer könnten eben nicht richtig lieben. Ich wusste bereits, dass sich Männer genauso wie Frauen eine glückliche Beziehung mit Harmonie und gegenseitigem Verständnis wünschen und sich auf ihre Weise genauso intensiv darum bemühen wie Frauen. Und trotzdem klappte es nicht. »Männer und Frauen passen einfach nicht zueinander«, so sprach in mir eine resignierte Stimme, und ich fühlte mich verdammt elend bei dem Gedanken an eine einsame und karge Zukunft ohne einen vertrauten Gefährten an meiner Seite. Und der damals gängige Spruch: »Lieber alleine als gemeinsam einsam« half mir zwar zu einem Entschluss, spendete aber nur wenig Trost.

Nach der damals unvermeidlich scheinenden Trennung trieb ich mich gern und ausgiebig in Buchläden und Bibliotheken herum, ohne zu wissen, dass ich im Grunde eine Antwort suchte. Eine Antwort auf die Frage: »Warum geht es nicht mit Männern und Frauen?«, oder an etwas sonnigeren Tagen: »Wie kann es vielleicht doch gehen?« In irgendeinem der vielen Bücher, an dessen Titel ich mich heute nicht mehr erinnere, fand ich durch einen unauffälligen Satz einen ersten Hinweis für einen intensiven Prozess, der vor mir liegen sollte. In diesem Buch hieß es, wir erkennen »Zeichen von Liebe« nur, wenn es die gleichen sind, mit denen wir selbst unsere Liebe zum Ausdruck bringen. Kommen Zeichen dieser Art, fühlen wir uns geliebt – kommen andere, so ignorieren wir diese und kommen zu dem Schluss, nicht geliebt zu werden. Als ich das gelesen hatte, erinnerte ich mich daran, wie oft ich das deprimierende Gefühl gehabt hatte, »alles gegeben und nichts bekommen zu haben«, und plötzlich gingen mir ganze Lichterketten auf, dass ich tatsächlich nur Liebesbeweise hatte gelten lassen, die *ich* für Zeichen »echter Liebe« hielt – während ich viele andere (vorhandene) Verhaltensweisen schlichtweg ignorierte und für nicht der Rede wert gehalten hatte. Im Nachhinein leistete ich meinem ehemaligen Weggefährten Abbitte und erkannte erstmalig in seinem steten Rasenmähen, Getränkekästen-Schleppen, Mein-Auto-Waschen usw. seinen (männlichen) Ausdruck von Liebe, für den er von mir oft nicht einmal ein »Dankeschön« geerntet hatte. Stattdessen hatte er Vorwürfe bekommen, weil (weibliche) Liebesbeweise wie Liebeserklärungen (schriftlich oder mündlich), Gespräche, die durch warmes Verständnis gekennzeichnet gewesen wären oder kleine Zärtlichkeiten im Alltag in seinem Repertoire eher wenig vorkamen.

Damals dämmerte mir zum ersten Mal, dass Männer und Frauen eine ihrem Wesen entsprechende, ganz eigene Sprache sprechen. Und da uns diese Unterschiede im emotionalen Erleben und Ausdruck nicht bewusst sind, führen sie regelmäßig zu tief verletzenden Missverständnissen und manchen unnötigen Trennungen.

Dadurch, dass Frauen und Männer mit einem völlig anderen inneren »Instinktprogramm« ausgestattet sind, denken sie nicht nur anders, sondern fühlen auch anders. Und wer anders denkt und fühlt, der wird natürlicherweise auch im Reden und Verhalten unterschiedliche Prioritäten setzen. Eigentlich weiß das jeder, doch wie funktioniert eine gelungene Umsetzung dieses Wissens in einer dauerhaften Partnerschaft?

Frauen wollen reden. Männer wissen alles besser.

Wahrscheinlich hat jede Frau schon mit mehr oder minder großer Verzweiflung bemerkt, dass sie mit Freundinnen einfach besser reden kann als mit ihrem Partner – egal, wie oft sie es versucht hat! Und wohl jeder Mann hat sich schon oft mit wachsendem Unbehagen gefragt, warum seine Partnerin immer über alles so ausführlich reden muss – wo es doch seiner Meinung nach gar nichts zu reden gibt! Eine Frau will mit ihrem Partner reden, um die Verbindung mit ihm zu spüren und zu vertiefen. Und ganz besonders wichtig wird das für sie, wenn sie sich in der Partnerschaft nicht wohl oder unsicher fühlt. »Miteinander reden als Basis für Vertrauen und Liebe« könnte man das Motto der Frau nennen. Der Mann ist weniger für emotionale Gespräche »konstruiert«, für ihn sieht daher die Sache ganz anders aus: Solange es für ihn kein Problem gibt, gibt es auch nicht viel zu sagen. Und wenn es ein Problem gibt, will er es zügig, sachlich und gezielt analysieren, um es dann aus der Welt zu schaffen. »Handeln, nicht reden« ist eher seine Devise. Was passiert nun, wenn diese zwei Vorstellungen aufeinander prallen?

Niemand käme auf die Idee, mit einem Amerikaner deutsch zu sprechen und sich dann maßlos über ihn zu ärgern, wenn dieser ihn nicht prompt versteht. Vor jeder Reise in ein anderes Land erkundigen wir uns, wie es dort mit der Verständigung aussieht, und falls es mit keiner Sprache geht, die wir wenigstens in Grundbegriffen beherrschen, werden wir uns einen kleinen Sprachführer kaufen, in dem zumindest steht, wie wir etwas zu essen und zu trinken bestellen und nach dem Weg fragen können. Bei der Begegnung von Mann und Frau betritt jeder der beiden ein fremdes Land. Ein Land voller Geheimnisse und Schätze, aber auch Gefahren, wenn man sich nicht nach den dort üblichen Gepflogenheiten verhält. Und es ist unbedingt notwendig, vorher einen Crashkurs in der Landessprache gemacht zu haben, um nicht unweigerlich irgendwann Schiffbruch zu erleiden oder zumindest um nicht enttäuscht wieder nach Hause zu fahren, weil wir die schönsten Plätze nicht finden konnten. Dieses Buch beinhaltet einen solchen Einführungskurs in die Sprache und Grundregeln der Verständigung von Frauen und Männern.

Selbstverständlich haben Männer und Frauen viele Gemeinsamkeiten. Beide wollen geliebt werden, beide wollen Anerkennung, beide brauchen Geborgenheit und Wärme und vieles mehr. Beide haben auch ähnliche Ängste, z.B. die Angst vor Ablehnung und Einsamkeit. Diese Gemeinsamkeiten verbinden uns miteinander, denn sie sind im tiefsten Sinne menschlich. Dieser Umstand darf uns aber nicht darüber hinwegtäuschen, dass es auch einige grundsätzliche Unterschiede gibt. Männer und Frauen »ticken« also irgendwie anders – das ist jedem von uns schon ab und zu aufgefallen. Etwas, das anders ist als wir, überrascht uns zunächst, erscheint uns fremd und erzeugt Misstrauen. Wenn uns dieses »Anderssein« sehr gravierend erscheint, empfinden wir unbewusst Angst, die sich dann spontan in Abneigung oder in Aggression ausdrückt. Eine Mischung dieser unangenehmen Gefühle steckt hinter fast jedem Streit. Die Erkenntnis des »Andersseins« scheint unser Vertrauen in die Machbarkeit von Liebe und Beziehung anzugreifen und berührt uns jedes Mal tief und unangenehm. Sobald wir uns mit unserem Gefährten wieder vertragen haben, versuchen wir, möglichst nicht mehr daran zu denken.

So lässt sich auch erklären, dass jahrelang selbst die Wissenschaft (denn auch Wissenschaftler sind Menschen!) das Thema Liebe als Tabu betrachtet hat und die Unterschiede zwischen den Geschlechtern geradezu ignoriert wurden. Erst in den letzten Jahren gibt es vermehrt Veröffentlichungen zum »kleinen« Unterschied zwischen Mann und Frau. Mit der Anerkennung eines Unterschieds im Erleben, in Sprache und Handeln von Frauen und Männern schwingt offenbar die Angst mit, die Kluft könnte größer werden, indem wir sie beleuchten und darüber sprechen.

Ein weiterer Grund dieser Tabuisierung könnte darin liegen, dass mit einem »anders« oft eine Bewertung verbunden ist. »Anders« im Sinne von »besser« oder »schlechter«. Gerade Frauen sind ja im Zuge der Emanzipation zu Recht darauf bedacht, auf die Gleichstellung zum Mann im Sinne gleicher Möglichkeiten und gleicher Wertigkeit zu achten. Wenn in diesem Buch von Unterschieden zwischen den Geschlechtern die Rede ist, so ist das der absolut wertfreie Hinweis auf einen unumstößlichen Tatbestand, der – ignorieren wir ihn – weit mehr Unheil anrichtet, als wenn wir den Mut haben, ihm ins Auge zu sehen und ihn verstehen zu lernen. Denn erst wenn wir die Unterschiede zwischen Mann und Frau kennen und achten lernen, kann Verständnis entstehen.

Erst nach ein paar Jahren stieß ich durch eine Klientin auf das Modell des so genannten inneren Kindes, das meine Auffassung von Beziehung und meine Arbeit als Psychotherapeutin maßgeblich beeinflusst hat. Das innere Kind ist ein Bild für unsere innere, verletzliche Seite, die unsere Träume, viele Hoffnungen und Sehnsüchte, aber auch Ängste in sich trägt. Stark vereinfacht könnte man sagen: Das innere Kind entspricht unserem Gefühl, während der so genannte innere Erwachsene unser Verstand und unsere Logik darstellt. Dass sich diese beiden nicht immer einig sind, hat wohl jeder von uns schon erlebt. So ist es z.B. der innere Erwachsene, der sich vornimmt, mit dem Rauchen aufzuhören, und das innere Kind bettelt und verspricht: Nur diese eine Ausnahme noch ... Oder das innere Kind möchte malen oder tauchen lernen, und der innere Erwachsene denkt: So ein Quatsch, ich sollte lieber einen Englisch- oder Buchführungskurs belegen. Oder der innere Erwachsene nimmt sich vor, beim nächsten Gespräch mit dem Partner alles ganz anders zu machen, und das innere Kind spielt im entscheidenden Moment wieder völlig verrückt.

Sicher wissen Sie auch noch ein paar gute Beispiele aus Ihrem eigenen Leben für die Dynamik zwischen diesen beiden »Herzen« in unserer Brust. Wie auch immer diese aussehen mögen, es gibt keine eindeutige Regel, wer von den beiden »Recht hat«! Manchmal wäre es besser gewesen, auf unser Gefühl zu hören, und manchmal hätte uns die Disziplin unseres Kopfes geholfen, eine Situation zu verbessern. Es geht also darum, in jedem Moment aufs Neue herauszufinden, welchem inneren Impuls wir folgen müssen, um innere Harmonie zu erlangen.

Der Weg einer Beziehung führt nicht nur durch den Frühling und den Sommer, sondern auch durch Herbst und Winter. Um die Jahreszeiten einer Partnerschaft nicht nur gemeinsam zu »überleben«, sondern sogar als Herausforderung und Chance zum eigenen Wachstum und zu immer größerer Intimität erkennen zu können, brauchen wir eine gesunde Portion Selbstwertgefühl. Denn ohne diese innere Würde und Selbstachtung nehmen wir jedes Grummeln unseres Partners persönlich und fühlen uns angegriffen – und schon befinden wir uns im schönsten Streit! Wir kennen es von diesen speziellen Tagen, an denen alles irgendwie schief geht und wir ohnehin gereizt und nervlich angeschlagen sind. Um wie vieles leichter fühlen wir uns da von unserem Gefährten schlecht behandelt als an »normalen« Tagen! Was für diese »schwarzen« Tage gilt, hat auch seine Gültigkeit für normale Tage, nur fällt es uns da nicht so auf. Doch auch wenn es uns mal mehr und mal weniger bewusst ist – unser Selbstwertgefühl, unsere innere »Großwetterlage«, beeinflusst maßgeblich die Atmosphäre jeder Beziehung, die wir führen. Daher ist es für eine gute Beziehung nicht nur wichtig, mit unserem

Partner zurechtzukommen, sondern auch mit uns selbst liebevoller und achtsamer umgehen zu lernen.

Nachdem ich verstanden hatte, dass Männer und Frauen gewissermaßen zwei verschiedene Sprachen sprechen und jeder von uns tief in sich ein inneres Kind mit seinen Träumen und Ängsten hat, entwickelte ich nicht nur eine ganz andere Art des Miteinanders in meinen Beziehungen und Freundschaften, sondern auch einen neuen Schwerpunkt in der Therapie. Bald konnte ich mit Freude erleben, wie hilfreich sich diese beiden Denkmodelle auf die individuelle Persönlichkeitsentwicklung und auf glückliche Beziehungen bei mir und meinen Klienten auswirkten.

Eine kleine Gebrauchsanweisung

Dieses Buch beinhaltet zur besseren Anschaulichkeit etliche Beispiele und Anregungen zur persönlichen Vertiefung. In vielen der zahlreichen Beispiele werden Sie sich selbst wiederfinden. Allein die Tatsache, dass wir mit unseren Fragen nicht alleine dastehen, sondern dass es Tausenden von Paaren genauso oder ähnlich geht, hilft oft schon, uns ein bisschen zu entspannen. Und Entspannung ist sehr hilfreich, um den Irrungen und Wirrungen im Beziehungsdschungel wachen Auges auf die Spur zu kommen! Durch einen ausführlichen Blick hinter die Kulissen unserer Persönlichkeit verstehen wir, wie es überhaupt zu einem Streit kommt, wie wir ihn vermeiden und verwandeln und wie wir uns konstruktiv »streiten« können, wenn es darum geht, uns authentisch und leidenschaftlich auszudrücken. So können wir es beim nächsten Gespräch mit unserem Partner schon viel besser machen.

Aus den Erfahrungen dieser Jahre hat sich eine Art »Lernprogramm für Singles und Paare« herauskristallisiert, das bestimmte aufeinander folgende Schritte beinhaltet. Diese Schritte sind jahrelang in Gruppen und Einzelsitzungen erprobt und führen zu mehr Verständnis für unsere eigenen Reaktionen und die unseres Gegenübers. Das Übungsprogramm integriert die wesentlichsten Strömungen der Paar- und Familientherapie und zeigt sie in ihrer praktischen Anwendbarkeit im Beziehungsalltag zwischen Rasierapparat und Lippenstift. Wer mag, kann mithilfe dieses Buches, das ich auch als Reisebegleiter nach innen verstehe, entsprechend seiner eigenen Geschwindigkeit in aller Ruhe die einzelnen Etappen für sich zu Hause nachvollziehen. Dies stellt für den am Thema Mann/Frau interessierten Leser eine Möglichkeit dar, das Gelesene zu vertiefen. Aber auch die Leser, die sich in einer echten Krise befinden, erhalten so eine Anleitung zum besseren Verständnis ihrer Situation und damit einen Wegweiser zu Selbstheilung und innerer Harmonie.

Natürlich ersetzt dieses Buch keine Therapie. Wenn Sie das Gefühl haben, einen persönlichen Ansprechpartner für Ihre seelischen Konflikte zu brauchen, sollten Sie darauf vertrauen und sich an einen Therapeuten wenden, von dem Sie sich verstanden fühlen. Nehmen Sie nicht den Erstbesten, den die Krankenkasse bezahlt, sondern gehen Sie hierbei ganz nach Ihrem Gefühl vor. Nur wo Sie sich wohl fühlen, werden Sie sich öffnen. Und nur wenn Sie sich öffnen können, kann Heilung geschehen.

Sie können diesen Ratgeber natürlich einfach so durchlesen wie jedes andere Buch. Es ist dann aufschlussreich und bestimmt unterhaltsam. Allein schon durch die vielen lebendigen Beispiele erweitern sich unweigerlich die positiven Bilder in Ihrem Unterbewusstsein und verhelfen Ihnen zu einer neuen Sichtweise der Mann-Frau-Begegnung. Wenn Sie möchten, dass diese Reise zu tief greifenden Erfahrungen und Erkenntnissen führt, empfehle ich Ihnen, immer erst mit ganzer Aufmerksamkeit die Übungen und Anregungen durchzuarbeiten, die Sie im Anschluss an jeden Abschnitt finden, und erst dann den Text weiterzulesen. Dazu bietet es sich an, sich ein schönes leeres Heft zuzulegen, eines, das Ihnen bereits beim Anblick Freude macht und in das Sie Ihre Erkenntnisse, Gedanken und Ergebnisse der Übungen eintragen können. Lachen, Tränen oder Wutanfälle sind dabei erlaubt. Im Anhang finden Sie zu jeder Vertiefungsübung einen kurzen Kommentar. Lesen Sie diesen am besten immer erst, *nachdem* Sie die Aufgabe bearbeitet haben, sonst beeinflusst er Sie möglicherweise und blockiert so Ihren eigenen Gedankenfluss.

Ein weiterer wichtiger Aspekt ist Zeit. Nehmen Sie sich für jeden Abschnitt dieser Reise so viel Zeit, dass Sie in Ruhe Ihren Gefühlen, Erinnerungen und inneren Bildern nachgehen können. Wenn wir nur kurz zwischen Tür und Angel ein paar Zeilen lesen, gelangen diese bestenfalls in unseren Verstand, nicht aber in unser Herz. Und eine letzte Empfehlung: Finden Sie für sich und Ihren »literarischen Reisebegleiter« einen Leseplatz, an den Sie sich in Ruhe zurückziehen und auf jedes Kapitel »mit Haut und Haar« einlassen können. Ein Platz, an dem Sie ganz für sich sein und sich wohl und geborgen fühlen können.

Warum empfehle ich das? Wir lernen auf zwei verschiedenen Ebenen: auf der theoretischen und der praktischen Ebene. Dinge, die wir »nur« gelesen haben, haben wir auch nur theoretisch »verstanden«, das Wissen ist also nur in unserem Verstand. Wir können darüber nachdenken und reden, auch anderen gute Ratschläge geben, aber *handeln* werden wir im entscheidenden Moment wahrscheinlich nicht danach. Wenn wir das nächste Mal in einer emotional sehr bewegenden Situation sind, werden wir uns wie immer nach unserem alten Muster verhalten, denn das ist mit unseren Gefühlen fest verbunden und läuft daher automatisch ab. Wenn wir allerdings etwas theoretisch gelernt *und* es durch eine (oder besser viele) Übungen mit unseren Gefühlen verknüpft haben, so steigt die Wahrscheinlichkeit, dass wir auch spontan, also aus unserem Gefühl heraus, das neue Verhalten anwenden können.

An manchen Stellen fühlen Sie sich vielleicht provoziert und ärgern sich über die eine oder andere Aussage. Möglicherweise trifft sie zwar auf viele andere Menschen zu, auf Sie aber eben nicht. Nicht jeder Satz eines Buches kann für jeden Leser stimmen. Manchmal ist es aber auch so, dass wir etwas an uns nicht sehen können oder wollen und dann mit einem Widerstand wie Ärger, Unverständnis, Ignorieren, etwas für blöd halten usw. reagieren. Das ist einfach eine total »menschliche« Reaktion, wir funktionieren alle so. Wenn Sie also eine der genannten Reaktionen bei sich wahrnehmen, so halten Sie es doch einfach für möglich, dass es ein innerer Widerstand ist, und der tut uns nichts. Erlauben Sie sich solche Momente einfach und lesen Sie munter weiter. Manches klärt sich vielleicht später.

Sie werden auch bemerken, dass manche Formulierungen zuweilen einen humorvollen Unterton haben. Die Idee dahinter ist, das Mann-Frau-Spiel immer wieder auch mit Humor zu betrachten. Sie wissen ja: Humor ist, wenn man trotzdem lacht. Wenn wir zu bierernst an die Sache herangehen, verkrampfen wir uns nur.

Stellen wir uns doch einfach vor, wir hätten uns irgendwann einmal, vor langer, langer Zeit – so lange, dass wir uns nicht einmal daran erinnern können – mit unserem Partner zu dieser Beziehung verabredet. Verabredet, um gemeinsam die Liebe zu üben, um gemeinsam Fehler zu machen, aus denen wir beide lernen können, und um uns gegenseitig ab und zu ein bisschen zu provozieren, damit sich jeder selbst besser kennen lernen kann, um über seine Grenzen hinauszuwachsen. Und wenn wir uns dann heute mit unterschiedlichen Meinungen herausfordern und durch so ganz anderes Verhalten als dem, was wir eigentlich erwarten, zutiefst provozieren – dann brauchen wir uns doch nicht ernsthaft böse darüber zu sein, oder?

Persönliche Vertiefungsübung »Erwartungen/Ziele«

Es gibt ein Sprichwort, das besagt, man müsse schon zu Anfang das Ende im Sinne haben. Es ist wie bei einer Reise: Wenn wir uns vorher überlegen, in welcher Richtung unser Ziel liegt, so können wir unsere Schritte direkt dorthin lenken. Wenn wir – ohne unser Ziel im Hinterkopf – einfach drauflosloaufen, werden wir vielleicht eine schöne Reise erleben, die Chance allerdings, dass wir zu unserem Ziel gelangen, ist sehr gering.

Sie lesen dieses Buch aus irgendeinem ganz persönlichen Grund, der Ihnen im Moment vielleicht selbst nicht einmal ganz klar ist. Dieses Buch ist für Sie. Vielleicht trifft es nicht in jedem Punkt Ihre Fragen oder Ihr Interesse. Damit Sie sicherstellen können, dass es dennoch nicht nur eine unterhaltsame Lektüre wird, sondern Ihr Leben wirklich bereichert, können Sie nun Ihr Heft bereitlegen und sich ein paar Minuten Zeit nehmen für die folgenden Fragen:

1. Was sind meine bisherigen wichtigsten Probleme und Erkenntnisse zum Thema »Mann und Frau«?
2. Wozu möchte ich dieses Buch lesen, was ist mein Ziel und meine Erwartung? Was verspreche ich mir davon?
3. Wie genau fühle ich mich dann, wenn ich es »erfolgreich« gelesen habe? Wie möchte ich mich und das Thema Beziehung nach der Lektüre dieses Buchs sehen? Wie sieht mein Leben aus, wie fühlt es sich an, wenn ich an diesem Ziel bin?

4. Ist mir dieses Ziel so wichtig, dass ich aktiv dazu beitragen möchte, es so bald wie möglich zu erreichen?
5. Was kann ich selbst dazu beitragen, um dieses Buch als wesentliche Anregung und Inspiration für mein Ziel zu nutzen? Wie viel Zeit nehme ich mir für die Vertiefungsübungen? Mit wem könnte ich darüber reden und mich austauschen?

Lesen Sie erst weiter, wenn Sie diese Fragen für sich schriftlich beantwortet haben.

2. Die Mann-Frau-Beziehung im Wandel der Zeiten

Wie eine Persönlichkeit entsteht

Lange Zeit gab es in der Psychologie die heiß umstrittene Frage, was denn nun unsere Persönlichkeit ausmacht: Sind es die Gene oder ist es unsere Umwelt? Die einen meinen, es seien ausschließlich die Erbfaktoren, was bedeuten würde, dass unsere Persönlichkeitsentwicklung alleine durch die uns mitgegebenen Gene ihren unveränderlichen Lauf nähme. Die anderen vertraten die Ansicht, nur die Umwelt sei entscheidend. Das wiederum würde bedeuten, man könne theoretisch, hätte man alle Umgebungsfaktoren unter Kontrolle, durch Erziehung jedes Kind zu genau der Persönlichkeit machen, die man im Sinne hätte.

Inzwischen hat man sich darauf geeinigt, dass sich beide Einflüsse ergänzen. Wir sind also zum einen mit genetisch vererbten Instinkten, Anlagen und Möglichkeiten ausgestattet und lernen zusätzlich jeden Moment über Erfahrungen mit unserer Umwelt Neues dazu.

Vereinfacht könnte man sagen, unsere Persönlichkeit besteht aus einem instinktiven und einem denkenden Teil. Der instinktive ergibt sich aus der Summe unserer ererbten Eigenschaften, Fähigkeiten und Vorlieben – gespeichert in unseren Genen. Der denkende Teil wird erst durch Erfahrungen ab der Geburt gebildet. Beide Aspekte können sich gegenseitig verstärken, ausgleichen oder auch ab und zu widersprechen – dann fühlen wir uns hin und her gerissen. In diesem Kapitel widmen wir uns zuerst dem instinktiven Anteil in uns.

Ein kleiner Ausflug in die Frühgeschichte

Viele der Missverständnisse zwischen Mann und Frau haben ihren Ursprung in unserer Menschheitsgeschichte. Um besser verstehen zu können, wofür uns das Leben im Laufe der menschlichen Evolution »entworfen« hatte, lassen Sie uns doch einmal sehen, wie alles begann.

Forscher schätzen die Zeit seit dem ersten Auftreten der Menschheit auf mindestens vier bis fünf Millionen Jahre. Damit wir diese trockene Zahl besser erfassen können, stellen wir uns vor, die Reise der Menschheit von ihren Anfängen bis in unsere Gegenwart wäre ein 1 km langes Seil. Dann wäre unser jetziges Leben etwa 10 mm lang. Oder ein anderes Bild: Wenn wir ein mittleres gebärfähiges Alter von 15 Jahren annehmen, erhalten wir über die Rechnung 5 000 000 Jahre (Menschheitsgeschichte) geteilt durch 15 Jahre (gebärfähiges Alter) ein Ergebnis von 333 333 Generationen, die uns mit unseren allerersten menschlichen Vorfahren verbinden. In diesem Bild sind wir über diese 333 333 Generationen vor uns sogar alle miteinander verwandt.

Rund 4 985 000 Jahre lang waren die Menschen Nomaden, das heißt: Sie zogen als Jäger und Sammler umher. Erst vor »nur« 15 000 Jahren entwickelten die Menschen erstmalig die Landwirtschaft und lebten ab da in relativ dauerhaften Behausungen – eine Entwicklung, die sich seitdem über Tausende von Jahren auch nur sehr langsam über den gesamten Erdball verbreitete und erst ganz zuletzt zu Handel und Technik führte.

Mann und Frau waren ein aufeinander abgestimmtes Überlebensteam, das durch die Art der Arbeitsteilung in einer lebensgefährlichen und im Vergleich zu heute extrem anstrengenden Wildnis seine Überlebenschancen erhöhte. Arbeitsteilung erhöht allerdings nicht nur die gemeinsame Leistungsfähigkeit, sie hat auch den Preis der gegenseitigen Abhängigkeit. Über die Millionen Jahre hinweg entwickelten und verfeinerten beide ihre körperlichen und geistigen Anlagen, um ihren Part im Überlebensteam Mann-Frau noch besser ausüben zu können. Diese unterschiedliche Gewichtung zeigt sich heute noch in unseren Gehirnen, Fähigkeiten, Neigungen und Gewohnheiten. Natürlich handelt es sich hier um eine stark vereinfachte Entwicklungsbeschreibung, die nicht auf jede Frau und jeden Mann zu 100 Prozent zutreffen kann. Was wir allerdings an diesem geschichtlichen Abriss gut erkennen können, ist der Schwerpunkt der geschlechtsspezifischen Entwicklung.

Die Frau – die Verantwortliche für soziales Miteinander

Werfen wir zuerst einen kurzen Blick auf den Alltag der vor- und frühgeschichtlichen Frau und bleiben damit zunächst bei den ersten 99,7 % unserer Menschheitsgeschichte.

Bereits von klein auf war sie in soziale Lebensbereiche eingebunden und hatte gelernt, auf kleinere Geschwister aufzupassen und ihrer Mutter möglichst bald beim Sammeln von Nahrung in der näheren Umgebung zu helfen.

Sobald sie in die Pubertät kam, suchte sie sich einen Gefährten. Bei der Partnerwahl bevorzugte sie instinktiv einen kräftigen, selbstsicheren und geschickten Mann, der ihr für die Nachkommen die besten Gene, Nahrung und Schutz versprach.

Während ihr Mann mit anderen Männern des Stammes im Dschungel und in der Steppe umherzog und manchmal tagelang nicht von der Jagd zurückkehrte, lebte sie in kleineren sozialen Verbänden in Höhlen oder Hütten aus Zweigen und Steinen, sammelte Wurzeln und Beeren und kümmerte sich um den Nachwuchs. Sie brachte den Kindern bei, kleine Tiere zu erlegen und welche Pflanzen essbar waren. Eine Aufgabe, bei der »frau« hart und zügig Ergebnisse fordern durfte? – Nein, Geduld und Einfühlungsvermögen waren hier gefragt.

Sie half anderen Frauen, vor allem, wenn einer der Männer von der Jagd nicht mehr zurückkehrte. Durch ihren vermittelnden Einfluss sorgte sie auch für den überlebensnotwendigen Stammeszusammenhalt bei Rivalitätskämpfen zwischen den Männern untereinander.

Wenn die Männer mit der ersehnten Beute nach Hause kamen, versorgte sie die aufgeteilte Nahrung und entwickelte Methoden der längeren Haltbarkeit. Sie verarbeitete die Felle und Häute zu Decken und Transporthilfen. Später in der Menschheitsgeschichte war sie auch die Verantwortliche für das Feuer. Beim Weiterziehen war sie das ausdauernde, zähe »Lasttier« der Familie.

Die Frau war also fast die gesamte Zeit der Menschheitsgeschichte ausschließlich die mit sozialen Aufgaben betreute »Heimhüterin«. Auf diese Weise verfeinerte sie ihr Geschick im sozial-psychologischen Bereich und ihr körperlich-seelisches Durchhaltevermögen.

Was ist das Ergebnis dieses Entwicklungsprozesses nach fünf Millionen Jahren »Heimhüterin sein«? Ein heutiges kleines Mädchen übt diesen »Job« beim Puppenspiel. Dies tut sie nicht nur durch gesellschaftlich bedingte Rollenerwartung, sondern auch genetisch bedingt als instinktives Erbe ihrer Ahnen. Auch die Frauen unserer Zeit kennen aus ihren Kindertagen die Situation, dass ihr Papa wenig zu Hause ist, weil er in seiner Abwesenheit die Familie ernährt. Wenn er dann daheim ist, ist er ruhebedürftig und emotional meist nicht so aufgeschlossen wie ihre Mama. (Warum das so ist, werden wir im nächsten Kapitel untersuchen.) So entwickelt sich das erste Männerbild in den heutigen Mädchen- und Bubenköpfen mit einer erstaunlich hohen Ähnlichkeit zu der Situation in der Frühzeit. Auch das Frauenbild wird auf diese Weise geprägt. Die meisten kleinen Kinder unserer Zeit sehen noch immer hauptsächlich ihre Mutter als Heimhüterin, selbst wenn diese sich heute vielleicht zusätzlich noch selbst ernährt.

Die Konsequenz der »weiblichen Evolution«: Frauen haben ein durchschnittlich höher entwickeltes Sprachvermögen als Männer und einen besseren Zugang zu ihrer emotionalen Seite. Frauen sind in der Regel die einfühlsameren und damit besseren Zuhörer und Lehrer und legen in ihrer Kommunikation die Priorität auf den verbindenden, gemeinsamen Aspekt. Wohl aus diesem Grund sind deutlich mehr Frauen als Männer in pflegenden und sozialen Berufen wie z.B. Lehrerin, Krankenschwester, Kindergärtnerin, Psychologin usw. tätig.

Der Mann – der Verantwortliche für Nahrung und Überleben

Schauen wir uns nun den Alltag des vor- und frühgeschichtlichen Mannes an: Man erwartete von ihm, dass er mit ungefähr acht Jahren Jäger wurde und seinen Vater begleitete. Bald darauf bestand seine Tätigkeit darin, meist in kleinen Horden anderer Jugendlicher und Männer seines Stammes, wilde und schnelle Tiere mit Wurfwaffen zu jagen oder größeren, meist gefährlichen Tieren ihre frische Beute abzujagen. Die Raubtiere samt Beute wurden vorsichtig erspäht und durch organisierte Scheinattacken, Steinewerfen und Schreien vertrieben. Um diese Ausflüge in den Dschungel oder die Steppe körperlich und seelisch zu überstehen, musste er nicht nur einen kräftigen, möglichst unempfindlichen Körper entwickeln, sondern auch seine Angst und psychische Empfindsamkeit kontrollieren lernen, sodass er auch in gefährlichen Situationen blitzschnell die richtige Entscheidung treffen und entsprechend handeln konnte. Während die Frau ihre Geduld und ihr Einfühlungsvermögen entwickeln musste, um ihren Part im Überlebensteam optimal erfüllen zu können, übernahm er also gerade die »starke« Rolle.

Hatte der Mann gemeinsam mit den anderen ein Tier zur Strecke gebracht, so töteten sie es und zerlegten es vor Ort in kleinere, tragbare Stücke. Sie stärkten sich an dem Fleisch und brachten das meiste von der Beute zu ihren Familien. War die Jagd nicht erfolgreich, so kämpften sie, von Tag zu Tag erschöpfter und kraftloser werdend, mit Schakalen und Geiern um verendete Tiere. Dem Mann oblag es auch, das Territorium vor dem Zugriff fremder menschlicher Stämme zu schützen.

Mit anderen Worten: Der Mann war mindestens zu 99,7 % der Menschheitsgeschichte Jäger und Krieger. Als solcher war es wichtig, schnell, stark und klug zu sein. Kein Job, bei dem »mann« sensibel und empfindsam sein durfte. Nein, es war eine Aufgabe, bei der man sein Überleben und das der eigenen Familie nur gewährleisten konnte, indem man möglichst emotionslos und überlegt erkannte, wann der geeignete Moment zu kämpfen oder zu fliehen war. Probleme hatten meist vier Beine und scharfe Zähne. Sie mussten oft sofort »gelöst« werden, oder es bedeutete den Tod.

Bei der Partnerwahl bevorzugte er eine gesunde, loyale Gefährtin, die seine Verwundungen pflegte und es ihm mit sexueller Hingabe und emotionaler Offenheit dankte, dass er sein Leben für die gemeinsame Nahrung aufs Spiel setzte. Ihre körperlich-seelische Gesundheit erkannte er instinktiv an dem Zustand ihrer Haut, ihrer Haare, der Form ihres Körpers, ihrem Geruch und ihrem Verhalten. War alles in Ordnung, empfand er sie als schön und begehrenswert.

Um nach tagelangen Jagdzügen durch die Wildnis wieder zu seiner Frau zurückzufinden, entwickelte er einen sicheren

Orientierungssinn. Während er seine Jagdgeräte und -methoden ständig zu verbessern trachtete, entwickelte er seine Fähigkeiten, sich den zukünftigen Gebrauch eines Werkzeugs vorstellen zu können – der Beginn des logisch-abstrakten Denkvermögens.

Wie sieht es heute, nach fünf Millionen Jahren Entwicklung im »Jägersein«, aus? Die heutigen kleinen Jungen lernen am Modell ihres meist selten anwesenden Vaters, wie die Rolle als Mann aussieht: Emotional distanziert, überlegen und möglichst unabhängig muss »mann« sein. Die Jungs sind von Natur aus meist die wilderen, offensiveren Kinder. Kleine Jungen der heutigen Zeit hören immer noch Sätze wie »Ein Indianer kennt keinen Schmerz« oder »Ein richtiger Mann weint doch nicht«. Empfindsame Jungs werden von Gleichaltrigen, aber auch von Erwachsenen, ausgelacht und verbal oder sogar körperlich dafür angegriffen. Sie lernen von klein auf, dass es kein leichtes Leben wird, wenn sie der Unterlegene sind oder sich verletzlich zeigen.

Der heutige kleine Junge fängt wie seine Vorfahren etwa mit acht Jahren an zu »jagen«: Mangels geeigneter Beutetiere jagt er andere Jungs (oder davon unbegeisterte kleine Mädchen seines Alters) und versucht im spielerischen Wettkampf des Kräftemessens, möglichst immer der Bessere zu sein. Spätestens bis zur Pubertät ist ihm klar, dass nur der Stärkste und Überlegenste eine Chance bei den Frauen hat. Was also wird er tun?: Er wird sein Bestes geben, um allen zu zeigen, dass er bei jedem Konflikt auf der Siegerseite steht. – Ein Verhalten, das bei Frauen der Urzeit zum Ziel führte, aber bei Frauen der heutigen Zeit meist unter die Rubrik »Macho« fällt und zu seiner Irritation nicht immer den gewünschten Erfolg nach sich zieht.

Die genetisch-hormonelle Spezialisierung hat dazu geführt, dass Männer in der Regel ein durchschnittlich besser ausgeprägtes visuell-räumliches Vorstellungs- und Orientierungsvermögen besitzen. Ihre Aggressionsbereitschaft ist auch heute noch durchschnittlich höher als bei Frauen und drückt sich direkter aus. Männer sind in Gesprächen lösungsorientierter und kürzer und geben gerne Anweisungen – Verhaltensweisen, die für die Jagd ein überlebensnotwendiges Muss waren. Aus dem gleichen Grund geht der Mann Probleme eher über Logik und Sachlichkeit an und kann seine Emotionen bei Entscheidungen besser »draußen« lassen. In seinem Kommunikationsverhalten legt er die Priorität darauf, die Oberhand zu behalten, also besser, stärker, schneller, klüger und damit unabhängig zu sein.

Vor dem Hintergrund seiner früheren Aufgabe ist diese Gewichtung der Fähigkeiten nicht nur logisch, sondern sogar wertvoll und geradezu die Voraussetzung dafür, dass sich die Frau währenddessen auf die Entwicklung der »weicheren« sozialen Fähigkeiten konzentrieren konnte.

Es liegt also in der Natur des Mannes, wenn er auch heute noch beruflich wie privat eine dominante Position anstrebt. Von dieser Machtposition aus glaubt er die, die er liebt, am besten ernähren, beschützen und verteidigen zu können. Darüber kann man ärgerlich sein, es ignorieren oder dagegen kämpfen – ändern können wir es jedenfalls nicht: Weder die Männer noch die Frauen. Was sich in Millionen von Jahren entwickelt hat, kann nicht innerhalb von hundert Jahren umgekrempelt werden, egal wie »gerecht« es im Sinne der Emanzipation schon heute wäre.

Das neue Zeitalter der Mann-Frau-Beziehung

Erinnern wir uns noch einmal an unser Seil. 997 Meter lang waren die Männer für die Jagd, die Frauen für das Heim verantwortlich, und dafür haben sie sich als die zwei zusammengehörenden Teile eines Überlebensteams körperlich und psychisch perfekt entwickelt. Der Nutzen war – wie bei vielen Paaren aus dem Tierreich auch – die höhere Leistungsfähigkeit und Entwicklungsmöglichkeit der eigenen Art zum Preis der gegenseitigen Abhängigkeit.

Als die Menschen die Landwirtschaft entwickelten, also in den letzten drei Metern der Menschheitsgeschichte, wurden schlagartig alle Männer als superentwickelte Jäger dieses Zweierteams plötzlich »arbeitslos«, während die Frauen sich erstmalig auf eine vergleichbare Art wie die Männer um die Nahrung der Familie kümmern konnten – eine Situation, die alte Rollenverhalten plötzlich grundlegend in Frage stellte!

Mit wie viel Erfolg wir Menschen das entwicklungsmäßige Ergänzungsprinzip genützt haben, zeigt unser heutiger Entwicklungsstand. Inzwischen geht es uns so gut, dass wir es uns sogar leisten können, uns erstmalig der instinkthaften Automatismen in der Partnerschaft bewusst zu werden, sie zu verstehen und bezüglich ihrer heutigen Notwendigkeit zu hinterfragen. Die gegenseitige Abhängigkeit in Bezug auf den täglichen »Überlebenskampf« ist in Auflösung begriffen. Darin liegt die Chance, die über Jahrmillionen entwickelten weiblichen und männlichen Qualitäten auf eine neue Ebene zu bringen und so Beziehungen auf einem höheren, freiheitlichen Niveau zu führen.

Die Neuzeit der Begegnung von Mann und Frau, in der Emanzipation eine Rolle zu spielen begann, steckt evolutionsgeschichtlich noch absolut in den Kinderschuhen und ist genetisch »noch nicht vorgesehen«. Wenn wir den Zeitraum, seit dem die Frauen nicht mehr mit ihrer alleinigen Rolle als Heimhüterin zufrieden sind, mit etwa einhundert Jahren annehmen wollen, so entspricht das in unserem Beispiel mit dem 1 km langen Seil einer Länge von nur 20 mm. Unser geschlechtsspezifisches Instinktprogramm, in unseren Genen und hormonellen Abläufen nach wie vor entsprechend der 99,7 % Menschheitsgeschichte angelegt, ist also auf ein ganz anderes Rollenspiel ausgerichtet als das, das wir heute miteinander spielen.

So erklärt sich, dass vor allem Frauen sich heute manchmal recht zwiegespalten gegenüber einem einerseits instinktiv als reizvoll erlebten und andererseits verstandesgemäß wenig wünschenswerten Partner fühlen. Oder umgekehrt: Sie könnten einen Partner haben, der – vom Verstand aus betrachtet – mit allen liebenswerten Eigenschaften ausgestattet ist, den sie aber auf der körperlichen, instinktmäßigen Ebene nicht begehrenswert finden und in den sie sich irgendwie nicht richtig verlieben können. Ein weiteres Beispiel ist, dass sich viele Frauen »instinktiv« von einem Macho-Mann angezogen fühlen, diesem dann aber wegen seines Verhaltens in der Beziehung die Hölle heiß machen. Wie z. B. Sandra.

Sandra

Sie ist eine gut aussehende, 32-jährige Frau, die beruflich erfolgreich ist. Sandra wirkt selbstbewusst, intelligent und entscheidungsfreudig. Sie hat viel über das Thema Beziehungen gelesen und hat relativ hohe Erwartungen an den Mann ihrer Träume. Sie verliebt sich immer wieder in Männer, die sehr selbstbewusst bis dominant auftreten und bei ihr anfänglich den Anschein erwecken, als könne sie sich an seiner starken Schulter anlehnen und doch ihr eigenes Leben leben. Nach spätestens ein bis zwei Jahren beginnen die Streitereien. Sandra stört sich immer mehr an der selbstgefälligen Art ihres Partners und daran, dass er ohne Absprachen einfach für sie beide Entscheidungen trifft. Außerdem ist er immer weniger zu Hause, erwartet gleichzeitig jedoch, dass sie da ist, wenn er heimkommt. Wenn sie mit ihm über ihre

Probleme sprechen möchte, wirkt er belehrend und verständnislos. Sandra macht ihm immer mehr Szenen. Schließlich trennt sie sich.

Unsere instinktgeleiteten Triebe sind auch heute noch wirksam, selbst wenn sich die Basis für das Zusammenleben von Mann und Frau aufs Äußerste verändert hat. Die vor- und frühgeschichtlichen Frauen brauchten tatsächlich einen möglichst dominanten Mann, um überleben zu können. Heute haben sie die Wahl. Frauen können heute sehr gut alleine überleben, denn sie können ihr eigenes Geld verdienen, es gibt Supermärkte, in denen sie gefahrlos und entspannt »Beute« erwerben können, es gibt Küchenmaschinen, warme Wohnungen und wenige wilde Tiere. Das, wofür Männer früher gebraucht wurden und worauf die »Überlebensgemeinschaft Wildnis« beruhte, ist heute nicht mehr notwendig.

Der Mann – ein Auslaufmodell? Jeder Mann der letzten hundert Jahre hat mit bewusstem oder unbewussten Unbehagen die schleichende Veränderung bemerkt, die sich zwischen Tisch und Bett des gemeinsamen Lebens breit gemacht hat. Wenn Frauen sich mit ihrem hoch entwickelten Einfühlungsvermögen in die Situation der Männer hineinversetzen, können sie bestimmt fühlen, welch eine tiefe Verunsicherung hinter dem (heute oft übertrieben wirkenden) Machogehabe von Männern stecken muss! Und jeder Mann kann sich aufgrund seines eigenen Bedürfnisses nach Unabhängigkeit und Dominanz vorstellen, welch eine Wut in Frauen stecken muss, die seit langer Zeit in der Partnerschaftshierarchie, nur aufgrund ihres Geschlechtes, immer »in der zweiten Reihe« sitzen mussten – egal, wie gut sie ihren Part gespielt haben!

Die Mann-Frau-Beziehung befindet sich im Umbruch – eine nicht ganz leichte Phase. Jeder Umbruch stellt eine gewisse Krise dar. Und in jeder Krise steckt die Chance, das Alte zu transformieren, also bewusst in etwas Höherwertiges zu verwandeln. Verunsicherung auf der einen Seite und Unzufriedenheit auf der anderen ist der Nährboden für so manchen Beziehungskrieg. Was fehlt, ist Verständnis. Gegenseitiges Verständnis kann nur entstehen, wenn wir uns den ursprünglichen Sinn unserer genetisch so sinnvoll angelegten Unterschiede im Rollenverhalten bewusst machen und sie zunächst einmal akzeptieren, ja akzeptieren – denn so schnell lässt sich das genetische Programm nun mal nicht ändern. Aufgrund der Akzeptanz dieser Realität und eines grundsätzlichen Verständnisses für das Anderssein unseres Partners bzw. unserer Partnerin können wir dann *gemeinsam* an einer Verwandlung der Mann-Frau-Beziehung arbeiten. Wenn wir das nicht bewusst tun, kann es leicht passieren, dass die »befreite« Frau sich unbewusst am Mann für sein Machogehabe rächt, sobald sie sich seiner sicher ist – obwohl sie zu 99,7 % der Menschheitsgeschichte gerade dadurch überlebt hat und zu der werden konnte, die sie heute ist.

Persönliche Vertiefungsübung »Ur-Frau/Ur-Mann«

Um den Inhalt dieses Kapitels für sich selbst zum Leben zu erwecken, können Sie nun Folgendes tun:

Wenn Sie eine Frau sind, überlegen Sie sich, welche Ihrer täglichen Verhaltensweisen und Empfindungen, Sehnsüchte und auch Ängste der »Urfrau« in Ihnen zugeordnet werden könnten. Z.B. jemandem etwas geduldig erklären können, mit Freundinnen reden, Essen zubereiten, Angst vor dem Alleinsein spüren, Vorräte aller Art anlegen, Ihre Intuition und Fürsorglichkeit wahrnehmen ... Nehmen Sie Kontakt auf zu Ihrer inneren instinktiven, weiblichen Seite und lassen Sie sich von ihr überraschen! Es ist eine starke innere Kraft, mit der Sie sich verbinden können. Schreiben Sie alles, was Ihnen in diesem Zusammenhang einfällt, in Ihr Heft.

Wenn Sie ein Mann sind, nehmen Sie Kontakt auf zu Ihrem inneren »Urmann« und finden Sie heraus, wann er im täglichen Alltag der treibende Teil für Ihr Verhalten und Empfinden ist. Lernen Sie ihn kennen, indem Sie Parallelen zwischen dem Alltag des vor- und frühgeschichtlichen Mannes und Ihrem jetzigen Leben herstellen. Z.B. Ihre überwiegende Zeit mit Geldverdienen (Beutemachen) außer Haus zu verbringen, in Gesprächen gern die Oberhand haben (siegen), Hobbys wie Jagen, Fischen, Boxen, Sport oder das (passive) Interesse daran, Angst vor »Schwächegefühlen«, Ihr Wunsch, beruflich eine gute Position zu haben (unabhängig zu sein)... Schreiben Sie alles in Ihr Heft und verbünden Sie sich dabei mit dieser starken, instinktiven Seite in Ihnen – es ist Ihre Urkraft!

Lesen Sie erst weiter, wenn Sie die Übung schriftlich gemacht haben.

Abstand und Nähe

Ebenfalls aus dieser frühen Zeit stammt ein Phänomen, das Mann und Frau in unserer Zeit schon viele Missverständnisse beschert hat. Es ist das nicht immer gleichlaufende Bedürfnis nach Nähe und Intimität. Männer brauchen nach Momenten oder Phasen der Nähe früher oder später unbedingt wieder ein bisschen Abstand. Es ist ihr Instinkt, der sie nervös macht, wenn sie zu lange »nicht auf der Jagd« waren: Das Überleben der Familie ist ohne Nahrung nicht mehr gesichert. Der Abstand bedeutet keineswegs, dass der Mann seine Partnerin nicht mehr liebt oder dass er nun Ausschau nach einer anderen hält. Es ist für ihn wie das überlebensnotwendige Einatmen nach einem langen, entspannenden Ausatmen. Es gehört für ihn dazu wie der Tag nach einer wunderschönen Nacht. Er muss einfach raus, oder er macht innerlich total zu.

Für Frauen ist diese Reaktion immer sehr schmerzhaft. Je schöner die Intimität und Vertrautheit, umso mehr öffnen sie sich in der Illusion, der Zustand würde nun für immer anhalten. Wenn der Mann sich irgendwann plötzlich zurückzieht, dann fühlen sie sich verlassen und verraten. Je offener und hingebungsvoller sich eine Frau gefühlt hat, umso schmerzhafter ist der Rückzug für sie: Wie kann er nach dieser wundervollen Nähe plötzlich auf Abstand gehen oder unnahbar sein? Eine Frau versteht diesen Impuls nicht, sie nimmt es persönlich und denkt, er liebt sie nicht mehr. Sie ist schwer gekränkt. Aus ihrem Instinkt heraus fühlt die Frau die Angst, er könnte auf die Jagd gehen und nicht wiederkommen. Wie soll sie ohne ihn überleben?

An diesem unterschiedlichen Rhythmus können wir während der nächsten paar Jahrtausende wahrscheinlich erst mal nichts ändern, denn so lange dauert es ungefähr, bis sich genetisch vorprogrammierte Instinkte verändern. Als Mann können wir es unserer Frau jedoch leichter machen, wenn wir ihr vor unserem Rückzug eine Erklärung geben und sie unserer Liebe versichern. Z.B.: *»Es ist sehr schön mit uns beiden. Ich liebe dich. Ich brauche jetzt ein bisschen Freiraum und Zeit für mich, um das alles zu verarbeiten. Hast du mich noch lieb, wenn ich wiederkomme?«* Das wird ihr helfen.

Als Frau tun wir gut daran, unserem Mann seinen Freiheitsinstinkt nicht übel zu nehmen, er kann sowieso nichts dagegen tun. Hat er eine bestimmte Zeit für sich oder mit seinen Freunden gehabt, so kommt er wieder und genießt die Nähe und Geborgenheit mit uns umso mehr. Als Frau können wir die Zeit ohne ihn nutzen, um für uns selbst etwas Schönes zu unternehmen. Z.B. indem wir uns mit Freundinnen oder Freunden verabreden, etwas lesen oder einem Hobby nachgehen. Es hilft uns außerdem dabei, wieder zu uns selbst zu finden, falls wir uns in der Nähe mit unserem Liebsten »fast aufgelöst« haben.

3. Was Hänschen gelernt, verlernt Hans nur sehr schwer

Auch Umgebungsfaktoren prägen unsere Persönlichkeit

Natürlich sind wir nicht nur das Ergebnis unseres Erbmaterials. Auch Umgebungsfaktoren wie Eltern, Geschwister, Kindergarten, Freunde, Schule, Kirche und vieles mehr beeinflussen uns von Anfang an und tragen dazu bei, wie wir uns selbst und die Welt erleben.

In diesem Kapitel wollen wir uns gemeinsam den Einfluss dieser Umgebungsfaktoren auf unsere Persönlichkeitsentwicklung ansehen.

Unser Gehirn gleicht einer ungeheuren Datenbank, die – wie Hypnosetherapeuten immer wieder mit Erstaunen feststellen – wirklich jedes Ereignis, und sei es auch noch so unbedeutend, fein säuberlich abspeichert. Natürlich erinnern wir uns normalerweise nur an einen ganz kleinen Teil dieser Erfahrungen. Unter Hypnose jedoch ist praktisch jede Stunde unseres gesamten Lebens abrufbar. Wie funktioniert dieses unaufhörliche Lernen von einem Moment zum nächsten?

Als Kinder sind wir total offen, weich und voller Neugierde. Die Welt bietet uns vom ersten Tag an unglaublich viele Eindrücke an Geräuschen, Bildern, Gerüchen, Geschmacksnuancen und Empfindungen, die wir erst einmal überhaupt nicht einordnen oder gar benennen können.

Jedes Erlebnis unserer zunächst kleinen Welt versucht unser Verstand entsprechend seiner aktuellen Möglichkeiten »auszuwerten« und daraus eine Art »Wissensspeicher« anzulegen. Die nächsten Erlebnisse werden dann bereits in den schon vorhandenen Wissensspeicher eingeordnet. So entsteht nach und nach ein Bild, eine Ansammlung von Erlebnissen und Vermutungen über uns selbst und die Welt, verbunden mit den entsprechenden Gefühlen, Erinnerungen an ein Geräusch, einen Geschmack oder Geruch. In den kommenden Jahren erweitern und ergänzen wir ständig dieses Bild und diese Eindrücke und bilden Bewertungen. Das heißt, wir lernen, Erlebnisse, Verhaltensweisen und Gefühle langsam in »gute« und »böse« einzuteilen, was uns als Kind zunächst völlig willkürlich und undurchschaubar erscheint.

Warum sollte es »böse« sein, voller Begeisterung und Hingabe mit Spinat ein Bild an die Tapete zu malen, wo sie doch jetzt viel schöner aussieht? Warum ist es »gut«, in den Topf zu machen und nicht ins Bett, obwohl es doch da viel gemütlicher ist? Warum ist es »böse«, den Teller nicht leer zu essen, wenn man keinen Hunger mehr hat? Warum ist es »gut«, zur Tante Hilde zu sagen, sie sieht heute nett aus, wenn sie in Wirklichkeit grob und ungepflegt ist und man nicht lügen darf? Warum ist es »böse«, aus lauter Lebensfreude lauthals zu singen?

Als Kind empfinden wir das Leben jeden Moment als Abenteuer und gehen ganz in jedem Jetzt auf. Wir sind mit unseren Gefühlen in unmittelbarem Kontakt, da uns keine innere oder äußere Regel behindert, und geben jedem Impuls arglos nach. Wir sind selig an Mutters Brust und völlig fasziniert von einem Schmetterling. Wenn uns eine nahe Bezugsperson, z.B. unsere Mutter, plötzlich beschimpft und körperlich grob behandelt, bekommen wir einen Riesenschreck! Erstens verstehen wir meist nicht, was passiert ist, denn wir waren ja völlig unschuldig in unserem Tun. Und zweitens empfinden wir durch dieses Unverständnis voller Schmerz und Scham unsere offensichtliche Unfähigkeit. Aber auch Angst und die absolute Abhängigkeit von den Erwachsenen.

Erwachsene scheinen alles zu wissen und alles zu können – ganz im Gegensatz zu uns selbst. Sie wissen, wie man fahren muss, um zur Oma zu kommen. Sie haben die Macht, uns alles zu erlauben oder zu verbieten. Sie wissen, warum es schneit und was der Schornsteinfeger tut, wenn er auf den Dachboden klettert. Sie können kochen und haben Geld für unseren Lutscher.

Also, so folgern wir als Kind, wissen sie auch, wer und wie wir sind, und haben mit Sicherheit Recht, wenn sie sagen oder uns spüren lassen, dass wir böse sind! Welche Konsequenzen es hat, »böse« zu sein, spüren wir auch siedend heiß: Liebesentzug, angeschrien werden, alleine ins Kinderzimmer geschickt werden, Hausarrest, manchmal sogar einen Klaps oder eine satte Ohrfeige bekommen. Aus unserer Sicht als Erwachsene mag das vielleicht nötig und relativ harmlos sein, als Kind sind wir im totalen Schock! Aus Schreck, aus Angst, aus seelischem oder körperlichem Schmerz, aus Scham, aus Einsamkeit... Um wie viel schlimmer der emotionale Schock bei denen von uns ist, die körperlich und/oder seelisch missbraucht wurden, können Außenstehende nur erahnen.

All diese Erfahrungen, die seligen wie die erschütternden, sind in uns abgespeichert. Und selbst wenn wir uns nicht daran erinnern können, so beeinflussen sie unser Erleben und Verhalten noch heute. Bei jedem aktuellen Ereignis, das gewisse Ähnlichkeit mit einer früher erlebten Situation hat, greift unser Verstand nämlich auf sein Repertoire des bisher Erlebten zurück und beurteilt es entsprechend.

Von unseren Eltern übernehmen wir auch die erste Vorstellung, wie ein Mann und wie eine Frau ist. Unser Selbstbild orientiert sich somit an der Rolle unseres gleichgeschlechtlichen Elternteils, den wir später immer zu einem gewissen Grad »nachleben«.

In unserem Hirn gibt es natürlich eine ganze Ansammlung von Erfahrungen und »Wissensschätzen« zu allen möglichen

Themen. Für das Thema Beziehungen sind vor allem zwei Bereiche wichtig: Das, was wir über uns selbst glauben, und das, was wir mit dem anderen Geschlecht erlebt haben.

Das »innere Kind« – unsere emotionale Wirklichkeit

Im Laufe unseres Lebens haben wir uns eine Meinung darüber gebildet, wie und wer wir selbst sind und wie wir sein sollten. Je nachdem, wie viel Liebe, Geduld, Ausgeglichenheit, Klarheit und pädagogische Weisheit wir in unserer Kindheit durch unsere Erziehungsberechtigten erlebt haben, entwickeln wir unser Selbstbild. Wachsen wir in einer harmonisch-lebendigen Atmosphäre auf, so behalten wir das natürliche Empfinden, dass es gut ist, wir selbst zu sein. Erleben wir jedoch oft Kritik und Ablehnung, so entsteht in unserem kindlichen Verstand der Eindruck, als wären wir irgendwie falsch. Da wir als Kind Ablehnung als sehr bedrohlich erleben, versuchen wir meist mit aller Kraft, so zu sein, wie uns die Erwachsenen haben wollen. In uns entsteht eine Kluft zwischen unserer inneren Wirklichkeit und dem Erziehungsideal. Je nachdem, wie groß diese innere Kluft ist, leiden wir mehr oder weniger.

Unter dem »inneren Kind« wird das ganze Spektrum intensiver Gefühle verstanden wie Freude, Schmerz, Glück, Traurigkeit, Liebe, Angst ... – unsere innere Wirklichkeit, die wir von Natur aus von Anfang an in jedem Moment erleben können.

Der »innere Erwachsene« als gelernte Erziehungsinstanz

Zum Konzept des inneren Kindes gehört auch der so genannte »innere Erwachsene«. Dies ist der Teil in uns, der im Laufe unserer Kindheit am Modell unserer Erziehung in uns entsteht. Während wir älter werden, entwickeln wir eine immer deutlichere Vorstellung davon, wie wir sein sollen, um geliebt zu werden. Quasi als inneres Frühwarnsystem vor der oft unerwartet eingetretenen Strafe der Erwachsenen entsteht so etwas wie eine innere Repräsentanz unserer erzieherischen Außenwelt. Wir kreieren also ein Abbild unserer Hauptbezugspersonen in unserem Kopf, um uns selbst bei dem Lernvorgang in Richtung gewünschtes Idealbild zu unterstützen. Dieses Abbild der Erwachsenen lobt und schimpft uns, genauso wie es unsere Eltern getan haben oder tun würden.

Je nach Intensität dieser traumatischen Erlebnisse unserer Kindertage entstehen verschiedene psychische »Überlebensstrategien«. Erfahren wir als Kind z.B. immer wieder, dass wir so, wie wir sind, nicht liebenswert sind (und nahezu jeder von uns hat die eine oder andere erzieherische Maßnahme so interpretiert), so haben wir zwei Möglichkeiten: entweder zu resignieren und das »Verliererspiel zu spielen« oder innerlich auf die andere Seite zu gehen und das »Gewinnerspiel zu spielen«. Beim Verliererspiel entwickeln wir ein Selbstbild, das eher negativ gefärbt ist, und haben oft das Gefühl, ein Versager zu sein.

Die Opfer-Reaktion – das Verliererspiel

Wenn im Laufe der Jahre dieser »innere Erwachsene« zu einem so strengen Richter wird, geht dabei unser inneres Kind mit seiner lebendigen Lebensfreude und natürlichen Würde langsam in die Knie. So, wie wir als Kinder behandelt wurden, behandeln wir uns innerlich später selbst, und das sogar oft noch einen Zacken schärfer. Bis wir selbst erwachsen sind, haben wir uns so sehr an diese innere Stimme gewöhnt, dass wir sie als etwas Eigenes empfinden, wie eine Art inneres schlechtes Gewissen, und gar nicht mehr merken, wie gemein wir in Gedanken manchmal mit uns selbst umgehen. Das, was uns gelingt, scheint selbstverständlich zu sein. Das jedoch, was uns misslingt, ist ein gefundenes Fressen für innerliche Selbstabwertung und Beschimpfungen – die Ursache für Selbstzweifel und Minderwertigkeitsgefühle! Wir fühlen uns immer wieder hilflos und resigniert. Depressive Stimmungen liegen da nicht weit. Wir haben ein Verlierer-Selbstbild aufgebaut und uns an dieses Gefühl still leidend gewöhnt.

Susanne

Sehen wir uns diese Mechanismen am Beispiel von Susanne an. Sie ist ein ungeplantes Kind und findet bei ihrer Geburt eine Situation vor, die sie spüren lässt, dass sie nicht so richtig willkommen ist. Ihre Eltern sind durch die Schwangerschaft in ihrer eigenen Lebensplanung überrumpelt worden und völlig überfordert. Die Spannungen zwischen den Eltern, die »wegen des Kindes« schnell heiraten, sind für Susanne deutlich zu hören und zu fühlen. Wie für kleine Kinder typisch, bezieht sie jede Situation auf sich, d.h. bei jedem Streit der Eltern empfindet sie das bedrückende Gefühl, es sei wegen ihr und sie dafür verantwortlich.

Sie hat Angst, denn sie ist noch sehr klein und fühlt instinktiv die totale Abhängigkeit. Je nach Lautstärke und Nähe des Streits kann sich die Angst, die sie hat, bis zur maximalen Stärke, der Todesangst, steigern. Unbewusst ahnt sie, dass sie keine Überle-

benschance hätte, wenn ihr ihre Eltern in Wut etwas antäten oder sich plötzlich nicht mehr um sie kümmerten. Und sie versteht überhaupt nicht, was da passiert. Nur eines ist klar: Irgendetwas stimmt nicht, und sie fühlt sich sehr schlecht.

So sucht Susannes kleiner Verstand nach einer Erklärung, damit sie die intensiven Gefühle zumindest einordnen und auf Distanz bringen kann. Ihr kindliches Empfinden sagt ihr: »Weil ich hier bin, gibt es Probleme.« Daraus abgeleitet folgert sie: »Ich sollte nicht hier sein« und »Ich bin schuld.«

Sie entwickelt Verhaltensregeln, um in Zukunft mit solchen Angst auslösenden Situationen besser umgehen zu können. Ihre Hauptverhaltensregeln lauten: »Ich muss mich anpassen und unauffällig sein, da ich sonst störe und Probleme schaffe«, »Ich darf nichts erwarten oder fordern« und »Wenn ich nun schon versehentlich hier bin, sollte ich wenigstens sehr hilfsbereit und freundlich sein.«

Susanne entwickelt sich in ihrem Verhalten gegenüber anderen zu einem braven und anpassungsfähigen Kind. Sie hat wenig Appetit (fordert nichts) und nachts Albträume. Ihre Eltern nehmen wenig Notiz davon. Susanne ist sehr wachsam, was die Bedürfnisse und Stimmungen anderer betrifft (»Ich sollte sehr hilfsbereit und freundlich sein«), und entwickelt feinfühlige »Antennen«, quasi als Frühwarnsystem für aufkommende Unstimmigkeiten, um durch Ablenkungsmanöver einem Streit entgegenzuwirken. Als Erwachsene versucht sie stets, allen Erwartungen gerecht zu werden, und bekommt psychosomatische Störungen, wenn sie »zwischen die Stühle« gerät. Infolge ihres geschickten Umgangs mit schwierigen zwischenmenschlichen Situationen sieht sie bald schwierige Umgebungssituationen als ihre persönliche Herausforderung an. Sie möchte für jede Krise in ihrer Umgebung eine Lösung finden; einerseits, um dabei unbewusst ihr Schuldgefühl abzubauen, andererseits, weil sie sich in besonders belastenden Stresssituationen »zu Hause« fühlt. Sie selbst leugnet, Bedürfnisse zu haben (»Ich darf nichts fordern«).

Susannes Selbsteinschätzung ist recht zwiegespalten. Einerseits kennt sie ihre sozialen Fähigkeiten und weiß um ihre Intelligenz. Andererseits leidet sie ganz tief innen an einem niedrigen Selbstwertgefühl, das sich selbst durch tolle Leistungen nicht kompensieren lässt. Susanne kann kaum »nein« sagen, wenn jemand sie um etwas bittet (»Ich muss mich anpassen und sollte sehr hilfsbereit sein«), und kann schlecht damit umgehen, wenn sie jemanden um etwas bitten muss (»Ich darf nichts erwarten oder fordern«). »Negative« Stimmungen in ihrer Nähe bedrücken sie sehr stark und lösen bei ihr zwanghaftes, beschwichtigendes Verhalten aus (»Ich bin schuld«). Wenn ihr wirklich jemand für irgendetwas die Schuld gibt, reagiert sie emotional sehr heftig mit wütender Abwehr, ist innerlich dabei aber extrem unsicher, ob die Anschuldigung nicht doch stimmen könnte, und macht sich insgeheim schwere Selbstvorwürfe.

In Partnerschaften zieht sie Männer mit bestimmten Problemkonstellationen an. Es sind Männer, die (wie ihre Eltern) aufgrund ihrer eigenen Geschichte überwiegend mit sich selbst beschäftigt sind und ihr wenig emotionale Aufmerksamkeit oder gar Achtsamkeit entgegenbringen können. Männer, die kaum mit emotionaler Nähe umgehen können und auf Distanz bleiben. Sie lebt in Beziehungen, in denen sie sich zunächst hervorragend an die Bedürfnisse des Partners anpasst, um diesen dann gerecht zu werden. Unbewusst hofft sie, dafür eines Tages doch so geliebt zu werden, wie sie es sich als Kind immer gewünscht hatte. Sie selbst bleibt dabei zwar mehr und mehr auf der Strecke, sagt aber lange nicht offen, was ihr fehlt (»Ich darf nichts erwarten oder fordern«). Wenn sie es nach jahrelanger Durststrecke schließlich doch enttäuscht zum Ausdruck bringt, kommen die plötzlichen Vorwürfe für den Partner überraschend und überfordern ihn. Wenn nach einigen Jahren unglücklicher Beziehung ihre Hoffnungen auf »Rehabilitation« aufgebraucht sind, verlässt sie diesen Gefährten völlig resig-

niert, um sich bald danach wieder einen ähnlichen zu suchen. Das Drama beginnt von vorn. Susanne hat das Gefühl, Männer behandeln Frauen schlecht.

Eine andere Möglichkeit, auf derartige Stresssituationen in der Kindheit zu reagieren, ist das Siegerspiel.

Die Strategie der zwei Ichs – das Siegerspiel

Sobald uns als Kind jemand, den wir lieben und von dem wir abhängig sind, ablehnt und zurückweist, können der Schmerz, die Scham und die Angst so groß werden, dass wir davor fliehen müssen.

Wie sollen wir als kleines Kind mit der Angst fertig werden, dass uns unsere Eltern nicht mehr lieben könnten und dies zweifelsfrei unsere Schuld sein muss!?

Da wir äußerlich »nicht aus unserer Haut« heraus können, verlassen wir innerlich dieses schmerzerfüllte Ich (unser inneres Kind) und wechseln in ein zweites (unseren inneren Erwachsenen), das sich auf die Seite des Anklägers stellt. Von dort aus fangen wir »ein neues Leben an« und wollen mit dem anderen, dem vermeintlich »bösen und dummen Ich dort drüben« nichts mehr zu tun haben. Wir entwickeln Erklärungen und Verhaltensregeln. Hier haben wir die Chance auf ein ganz neues inneres Image, hier werden wir im Laufe der Jahre »erwachsen« und clever. Dieses Ich (der innere Erwachsene) lernt die Spielregeln der Großen, während dem anderen (dem inneren Kind) alles Unerfreuliche in die Schuhe geschoben und es nach und nach in den Keller des Unterbewusstseins gedrängt wird.

Das, was sich ein bisschen nach Schizophrenie anhört, ist bis zu einem gewissen Grad eine ganz normale Verdrängungsstrategie unserer Psyche, wenn etwas zu schmerzhaft wird, um es direkt zu verarbeiten. Dieses »andere« Ich ist ein Teil unseres Verstandes, der als Selbstschutz versucht, schnellstmöglich »erwachsen« zu werden, und uns zunächst hilft, auch unter schlechten Bedingungen seelisch keinen größeren Schaden zu nehmen. Allerdings um den Preis, dass ein anderer, im Grunde unschuldiger Teil unserer Identität, das innere Kind, erst zum inneren Sündenbock gemacht und dann abgespalten wird. Der Nutzen für uns ist der, dass wir uns mit der Siegerseite identifizieren und dabei das innere Verlierergefühl (wie beim Verliererspiel) nicht spüren müssen. Wenn wir wirklich erwachsen sind, ist dieser Automatismus allerdings entwicklungshemmend: Wir machen uns etwas vor.

Frank

Frank wird als erstes Kind seiner Eltern geboren. Sein Vater platzt fast vor Stolz, einen Sohn zu haben, und hat »Großes« mit ihm vor: Er soll es einmal besser haben. Frank merkt bald, dass er besonders viel Aufmerksamkeit und Zuneigung von den Eltern bekommt, wenn er sich intelligent und unempfindlich zeigt. Für seine verschmuste und manchmal schüchterne Seite erntet er den Hohn seines Vaters. Wenn Frank bei den Hausaufgaben etwas nicht gleich versteht, wird sein Vater sehr ärgerlich. Oft wird er laut, manchmal gibt es sogar Ohrfeigen. Frank fährt der Schreck in sämtliche Glieder, er hat panische Angst, dumm zu sein und dann nicht mehr geliebt zu werden. Er lernt durch den spontanen Liebesentzug und die aggressive Reaktion seines Vaters, wie dieser ihn haben möchte, und entwickelt in seinem Inneren den Satz: »Ich muss stark und intelligent sein, damit man mich liebt.«

Franks Mutter überhäuft ihn dagegen mit ihrer ängstlichen

Fürsorge und Zuneigung. Bereits in noch sehr jungen Jahren wird es ihm peinlich, vor seinem Vater mit ihr zu schmusen. (Er hat sich schon die Verhaltensregel »Emotionale Intimität und Offenheit sind unmännlich« zu Eigen gemacht.) Frank ist zwischen seiner inneren Wirklichkeit und der von seinem Vater erwarteten Rolle hin und her gerissen. Einerseits möchte er ein »richtiger« Mann werden, wie sein Papa immer sagt, und sich so die Liebe (hier als Schutz, Anerkennung und Sicherheit) seines Vaters sichern. Andererseits fühlt er sich manchmal zu klein und ängstlich für diese Welt, möchte sich bei seiner Mutter verstecken und ihre Nähe spüren.

Frank entwickelt langsam ein zweites Ich, seinen inneren Erwachsenen. Wenn er den »Sohn seines Vaters« spielt, fühlt er sich männlich, stark und kühl. Er braucht Raum um sich und will unabhängig von dem ängstlichen Getue seiner Mutter sein. Ihre Wärme bedroht ihn in seiner noch neuen Rolle, er hat Angst, wieder in seine weiche Seite »zurückzufallen« und dabei »den Vater zu verlieren«. Bleibt er standhaft, belohnt ihn sein Vater mit anerkennendem Lächeln und stolzen Bemerkungen wie: »Das ist mein Sohn!« Frank möchte mit seiner weichen, verschmusten und verletzlichen Seite immer weniger zu tun haben. Wenn sie auftaucht (sein inneres Kind), schiebt er sie schnell durch grobe Späße beiseite und flieht aus der Situation.

Als erwachsener Mann hat er seine weiche, emotionale Seite praktisch ganz vergessen. Er identifiziert sich inzwischen total mit seinen männlichen, überlegenen Gefühlen, die ihm Sicherheit geben.

In Beziehungen verliebt er sich immer in Partnerinnen, die schmusig, anhänglich und ein bisschen ängstlich sind. Anfangs weckt diese Ausstrahlung bei Frank seinen Beschützerinstinkt, und die emotionale Wärme zieht ihn magisch an. Nach einiger Zeit der Partnerschaft nerven ihn dieses »weinerliche Weibergetue und die übertriebene Nähe« jedoch gewaltig. Es gibt immer öfter Streit, wobei er sehr verletzende Dinge sagt, bis zur Tren-

nung. Sobald sie weg ist, vermisst er sie. Bei der nächsten Frau wiederholt sich die Geschichte in ähnlicher Form. Frank findet Frauen schwierig und anstrengend.

Persönliche Vertiefungsübung »Selbstbild«

Wir können uns das Selbstbild wie eine große Schublade vorstellen, in die über Jahre hinweg immer wieder einige Eigenschaften und Zuschreibungen dazukommen. Angefangen bei all den Dingen, die unsere Erziehungsberechtigten, Lehrer oder Freunde zu uns sagten, bis hin zu dem, was wir selbst über uns denken.

Damit Sie diesen Ausflug in die psychologische Prägung unseres Denkens, Fühlens und Handelns durch ihre eigenen Erfahrungen für sich erst richtig zum Leben erwecken können, nehmen Sie sich jetzt am besten ein paar Minuten Zeit. Zeit für Ihr ganz persönliches »Brainstorming« über die Inhalte Ihres Selbstbildes.

Um selbst der »Chef über unser Hirn« zu bleiben, ist es notwendig und hilfreich, von Zeit zu Zeit einmal alles aus den Schubladen herauszuräumen und nachzusehen, was sich da inzwischen so alles angesammelt hat. Wie bei einem groß angelegten Ausmisten unserer Wohnung ist man dabei oft erstaunt, was da so alles zum Vorschein kommt. Von manchen Dingen ist man begeistert, sie wiederzufinden – von anderen trennen wir uns endgültig mit einem lächelnden Kopfschütteln.

Schreiben Sie in Ihr Heft die Überschrift »Ich bin...«, und dann legen Sie los. Schreiben Sie alles auf, was Ihnen dazu einfällt, Gutes wie Schlechtes. Eigenschaften bezüglich Ihres Aussehens gehören genauso hierhin wie Eigenschaften Ihrer Persönlichkeit. Alles, was Sie an sich leiden und nicht leiden können. Und alles, was Sie sich schon oft über sich anhören mussten und was Sie vielleicht geärgert oder gequält hat. Ebenso alles, auf das Sie stolz sind.

Wenn Ihnen nichts mehr einfällt, können Sie weitermachen mit »Ich kann ...«, »Ich muss ...« und »Ich darf nicht ...«. Lassen Sie sich wieder einfach überraschen von dem, was da so kommt, ohne es zu bewerten. Wie immer gelten auch Widersprüchlichkeiten. Ihre Liste könnte z.B. so aussehen:

»Ich bin ...
klein, schlank, blond, ehrgeizig, manchmal schüchtern, selbstbewusst, hektisch, unkonzentriert ...

Ich kann ...
schön malen, englisch, gut zuhören, Auto fahren ...

Ich muss ...
immer viel zu früh aufstehen, viel arbeiten, Geld verdienen, stark sein ...

Ich darf nicht ...
krank werden, Ansprüche stellen, Schwächen zeigen, Fehler machen ...«

Lesen Sie erst weiter, nachdem Sie die Übung gemacht haben!

Die Schubladentechnik

Mindestens genauso einschneidend wie unser Selbstbild sind die Vorstellungen und Meinungen, die wir im Laufe unserer Kindheit darüber entwickeln, wie eine Frau, ein Mann und wie eine Beziehung zwischen den beiden ist bzw. zu sein hat. Diese Eindrücke entstehen hauptsächlich am gelebten Vorbild unserer Eltern. Hinzu kommt, was sie uns erzählt haben und welche Erfahrungen wir selbst mit dem eigenen und dem anderen Geschlecht machen. All das kommt wieder in eine Art »geistige Schublade« und sammelt sich dort.

Aber nicht nur eigene Erfahrungen sind in diesen »geistigen Schubladen« mit der Aufschrift »Männer« und »Frauen« enthalten. Auch Erfahrungen und Beziehungsgeschichten anderer Menschen, die wir miterlebt, gehört oder gelesen haben, sind dabei. Angefangen bei Märchen (von Rittern und Prinzessinnen) über moderne Liebesfilme im Kino, die immer dann aufhören, wenn es im richtigen Leben erst so richtig losgeht, bis hin zu Dramen in der Familie oder im Freundeskreis. Alles, was uns je im Zusammenhang mit einem Mann oder einer Frau bewegt hat, ist in einer dieser beiden Schubladen gelandet. Die dort gestapelten Einstellungen und Erfahrungen sind die Basis für unser Erleben und Handeln im Heute.

Die »Schubladentechnik« ist übrigens eine – evolutionstechnisch gesehen – sehr praktische Einrichtung, denn sie vereinfacht jeden neuen Moment so, dass wir durch früher gesammeltes Wissen heute schneller und oft besser reagieren können. So war jedenfalls der »Grundgedanke der Evolution«, als sie uns mit einem Gehirn ausstattete. Andererseits besteht die Gefahr, dass wir aufgrund nur weniger Übereinstimmungen einer neuen Situation mit einer früheren zu früh denken: »Ha, weiß ich schon!« Die in Wirklichkeit immer völlig neue Situation hat dann keine Chance mehr, zu uns durchzudringen, weil wir bereits die Informationsaufnahme abgeschlossen und auf »automatische Reaktion« umgeschaltet haben. So kommt es, dass wir uns dem anderen Geschlecht gegenüber oft auf eine immer sehr ähnliche Weise verhalten und uns irgendwann verwundert fragen, warum wir immer wieder die gleichen Erfahrungen machen.

Jedes funktionstüchtige Hirn hat also solche Verallgemeinerungen und Ansammlung von Meinungen über Männer und Frauen (und vieles mehr) gespeichert.

Persönliche Vertiefungsübung »Männer-/Frauenbild«

Schreiben Sie als Überschrift »Männer sind/können/müssen/dürfen nicht ...« und nach vollständiger Bearbeitung die nächste Überschrift »Frauen sind/können/müssen/dürfen nicht ...« in Ihr Arbeitsheft, oder umgekehrt. Die Reihenfolge ist egal, fangen Sie mit dem an, was Ihnen leichter fällt. Lassen Sie sich ruhig von nackten Fakten zu diffusen Gefühlen treiben, bis hin zu Vermutungen und kühnen Behauptungen. Am besten ist es wieder, wenn Sie bei dieser Auflistung Ihren wertenden, logischen Verstand einfach beiseite lassen, er behindert nur das Ausmisten. Die auf den ersten Blick wenig überzeugenden Ideen blieben sonst unbeachtet in der Schublade. Gerade die sind es aber oft, die unser Verhalten durch das Hintertürchen am meisten beeinflussen. Lassen Sie also einfach alles heraus, was Ihnen spontan dazu einfällt, ohne großartig darüber nachzudenken, ob dieser Gedanke wirklich haltbar ist. Auch Widersprüchliches ist erlaubt. Hinterher können wir uns immer noch in Ruhe ansehen, was wir alles aus den hintersten Ecken dieser Schubladen hervorgekramt haben. Ihre Liste könnte z.B. so aussehen:

»Männer sind ...
   Angeber, Beschützer, unsensibel, großzügig, untreu, stark ...

Männer können ...
   alleine sein, sich durchsetzen, Technik verstehen, schreien ...

Männer müssen ...
   Geld verdienen, zahlen, stark sein, souverän sein, gebildet sein ....

Männer dürfen nicht ...
   weinen, verlieren, bedürftig sein, Schwäche zeigen ...«

und:

»Frauen sind ...
   Zicken, sexy, zärtlich, schön, gemein, weich, schwach ...

Frauen können ...
   weinen, kochen, Kinder kriegen, lange telefonieren ...

Frauen müssen ...
   schön sein, daheim bleiben, nachgeben, alles verstehen ...

Frauen dürfen nicht ...
   laut schreien und toben, aggressiv sein, sexuell zu offen sein ...«

Und nun: Haben Sie schon Ihren Stift zur Hand? Dann kann's ja losgehn! Lesen Sie erst weiter, nachdem Sie diese Übung gemacht haben.

4. Beziehungsdynamik: Zwei »innere Kinder« begegnen sich

Die Illusionen von der Liebe

Was passiert eigentlich, wenn wir uns in jemanden verlieben?

Da niemand von uns mit einer vollkommenen Erziehung und idealen Umgebungsfaktoren gesegnet war (denn unsere Eltern sind auch nur Menschen, die als Kinder Schlimmes erlebt haben), tragen wir alle neben den eher instinkthaften Erwartungen auch unerfüllte Kindheitswünsche und seelische Verletzungen mit uns herum – sozusagen im Handgepäck. (Und das auch dann, wenn wir das Siegerspiel spielen und uns vormachen, es gäbe kein Problem, und wenn, dann nur bei den anderen.)

In jeder Begegnung mit anderen Menschen spielen unsere Instinktprogramme, die Erfahrungen unseres inneren Kindes, die Inhalte unserer geistigen Schubladen und unsere hauptsächliche Art, mit alldem umzugehen (Verlierer- oder Siegerspiel) eine Rolle. Die intensivste aller Begegnungen findet in der Partnerschaft statt. Es liegt auf der Hand, dass das Aufeinandertreffen dieser zwei Welten nicht nur Freude, sondern auch Konflikte bringen kann.

Sind wir frisch verliebt, so scheint erst einmal alles wie von selbst zu klappen, wir schweben auf Wolke sieben! Unsere Vorstellungen von der Liebe sind (unbewusst) voll aktiviert und versprechen uns eine glückliche Zukunft. Oder haben wir jemals ein Märchen gehört, das in etwa wie folgt ablief (frei nach Ron Smothermon, einem bekannten amerikanischen Arzt, Autor und Trainer):

»Es waren einmal ein Prinz und eine Prinzessin. Sie verliebten sich ineinander und hatten eine tolle Zeit. Sie zogen zusammen, und anfangs lief alles bestens. Da sie nicht viel Geld hatten, gingen beide arbeiten und mussten sparen. Bald fingen die ersten Streitereien an. Auch ihr Sex wurde schlechter. Sie gingen zu einer Eheberatungsstelle, aber es half nur kurz. Der Froschkönig wusste auch keinen Rat. Bald waren sie so enttäuscht voneinander, dass sie sich trennten. Nach einiger Zeit ging es beiden wieder gut, und sie waren sehr froh, wie sich alles entwickelt hatte. Sie wurden wieder Freunde, zogen ihre Lehre aus der Beziehung, und jeder von beiden fasste sich dabei an die eigene Nase. In der nächsten Beziehung würden sie vieles viel besser machen. So lernten sie ihr ganzes Leben lang, immer bessere Beziehungen zu führen.«

Wenn uns solche Geschichten von klein auf in Märchen, Liebesromanen und Filmen angeboten worden wären, dann würden wir versuchen, unser Leben auf Grundlage dieser Idee zu leben, und würden unser Liebesleben wahrscheinlich als großen Erfolg empfinden. Denn Erfolg oder Misserfolg beurteilen wir danach, inwieweit das Ergebnis von unseren Vorstellungen abweicht. Aber wir versuchen unser Leben etwa nach dem Modell dieses Märchens:

»Es waren einmal ein Prinz und eine Prinzessin. Beide bewahrten sich füreinander in der Gewissheit ihres zukünftigen Glücks. Als sie sich trafen, wussten sie sofort, dass sie füreinander bestimmt waren. Sie heirateten und bekamen viele liebe Kinderlein, die ihnen nur Freude bereiteten. Alles lief wie am Schnürchen, und es gab nie Streit. Sie lasen sich gegenseitig jeden Wunsch von den Augen ab, waren nie in gereizter oder weinerlicher Stimmung. Andere Frauen oder Männer waren kein Thema. Sie mussten auch nicht arbeiten, aufräumen oder putzen, sondern lebten königlich von dem unendlichen elterlichen Erbe.

Die Schwiegermutter ließ sich nie blicken. Und wenn sie nicht gestorben sind, dann lieben sie sich noch heute wie am ersten Tag.«

Auch wenn die Märchen und Romanzen vieles nie ausdrücklich ansprechen, so vermitteln sie uns doch genau diesen Eindruck. Mit solchen und ähnlichen Geschichten gefüttert, werden wir groß und entwickeln ganz tief in unserem Inneren entsprechende Vorstellungen von der Liebe. Unser inneres Kind glaubt unbewusst, dass es da draußen den richtigen Seelenpartner gibt, der nur für uns geboren ist, und dass er, wenn wir ihm begegnen, bereits geübt sein wird, mit uns umzugehen. Nicht durch einen vorherigen Partner, sondern wie durch Zauberei – eben den Zauber der *wahren Liebe* – bedarf er keiner weiteren Information bezüglich unserer Bedürfnisse und Empfindlichkeiten. Es ist auch nicht nötig, über andere grundsätzliche Dinge zu reden, denn wenn es der oder die Richtige ist, versteht man sich ohne viele Worte. Man ist möglichst immer der gleichen Meinung, möchte immer zur gleichen Zeit auf die gleiche Art Sex und ist immer verständnisvoll. Unser Partner macht uns rundherum glücklich und wir ihn, natürlich mit Leichtigkeit und geradezu schlafwandlerischer Sicherheit. – Der Prinz bzw. die Prinzessin aus dem Märchen kann das vielleicht alles, ein realer Mensch hingegen hat da einfach keine Chance.

Unser innerer Erwachsener ist natürlich vernünftiger. Er sieht notfalls durchaus ein, dass es nicht ganz so leicht ist, aber gefühlsmäßig spüren wir bei jeder Abweichung von diesem märchenhaften Ideal eine gewisse Enttäuschung, die wir entweder schnell beiseite schieben oder unserem Partner oder unserer Partnerin »verzeihen« müssen. Wenn es zu oft passiert, zweifeln wir daran, ob es der oder die Richtige ist.

Die Vorstellung, dass wir einen anderen Menschen finden, der uns glücklich macht, ist einer unserer größten Träume und zugleich eine der größten Selbsttäuschungen. Diese Feststellung zu akzeptieren löst inneren Widerstand aus, weil sie wehtut. Schließlich gibt uns diese Hoffnung immer wieder Kraft und Lebensmut. Das lassen wir uns nicht gern wegnehmen. Was aber, wenn es so, wie wir dachten, wirklich nicht geht und nie gehen wird – dafür aber anders? Ist es da nicht sinnvoll, sich mit der echten Alternative zu befassen, um unserem sehnlichsten Wunsch endlich eine reale Chance auf Erfüllung zu geben? Sich zu verlieben ist relativ einfach, aber die Liebe zu pflegen und im Alltag zu bewahren und zu leben, ist eine echte Kunst. Das hat uns niemand erzählt. Und schon gar keiner hat uns beigebracht, wie es geht.

Der Frühling

Wie sehr wir von unserem romantischen Traum geprägt sind, ist uns oft gar nicht bewusst. Natürlich suchen wir nicht nach der Prinzessin oder dem Prinzen. Vielleicht nennen wir es Seelenpartner, oder es ist nur ein verträumtes, unscharfes Bild oder bestimmtes, verklärtes Gefühl, wenn wir an eine liebevolle Beziehung denken. Bei jeder neuen Beziehung beginnen wir mit dem vollen Erwartungsspektrum, dass wir jetzt endlich den richtigen Partner gefunden haben, der uns wirklich versteht, lieben und unterstützen wird, der uns mit Achtung und Sensibilität begegnet – jetzt wird alles gut.

Unser inneres Kind glaubt insbesondere, dass ihm nun endlich die bedingungslose Liebe zuteil wird, die es, damals in unserer Kindheit, oft so schmerzlich vermisst hat. Weiter freut es sich, dass die Liebe unseres Partners alle schmerzhaften Erfahrungen heilen wird und die Zeit des Leidens für beide ein für allemal vorbei ist. Eine Zeit lang ist es auch so, und wir sind selig. Nie sonst fühlen wir uns so energiegeladen, selbstbewusst, attraktiv, intelligent, glücklich und frei, wie wenn wir frisch verliebt sind. Dieser Zustand der erfüllten Sehnsüchte und daraus gefolgerten hemmungslosen Hoffnungen lässt uns in einen Rauschzustand gelangen, die Hormone tun ihr Übriges. Wir sind offen und sensibel mit allen Sinnen und erleben eine Zeit der Lebendigkeit, des Verschmelzens und des Einsseins mit dem Partner und der Welt. Wir sind sicher: Das ist es, wovon Märchen und Liebesfilme erzählten – und so soll es nun bleiben.

Der Sommer

Unser inneres Kind hat – wie wir inzwischen wissen – schon viel mitgemacht und ist daher verständlicherweise neben Hoffnung und Glück über die neue, vielversprechende Begegnung auch etwas skeptisch, schüchtern, ängstlich und fürchtet, dass sich frühere, schmerzhafte Erfahrungen wiederholen könnten. Es beginnt unbewusst früher oder später die Liebe unseres Partners zu testen. Wir stellen unseren Liebsten oder unsere Liebste zunächst mit kleinen, leicht zu erfüllenden Bitten auf die Probe. Natürlich wird er oder sie überglücklich sein, uns diese zu erfüllen. Je vertrauter wir uns werden, umso mutiger werden wir. Wir zeigen mehr Schwächen, werden somit auch verletzlicher, und die Möglichkeit, uns durch eine Unachtsamkeit wehzutun, steigt. Auch die Erwartungen werden langsam größer, während die eigene Achtsamkeit dem anderen gegenüber infolge der eintretenden Entspannung und vermeintlichen Sicherheit nachlässt. »Wenn uns der Partner wirklich so liebt, wie er/sie sagt, dann muss er bzw. sie uns ja schließlich auch dies oder das verzeihen – wir tun es ja umgekehrt auch«, so mögen wir unbewusst denken. Irgendwann haben wir unser gesamtes Programm an unerfüllten Sehnsüchten und den Wunsch, dass alle je erfahrenen Seelenschmerzen nun geheilt werden, auf unseren Partner verlagert und erwarten, ja halten es für seine Pflicht (wenn er uns so liebt, wie er sollte), dass er uns glücklich macht. Außerdem sind wir müde, uns so anzustrengen. Schließlich wollen wir endlich so geliebt werden, wie wir sind.

Das alles läuft meist völlig unbewusst ab. In der Regel bemerken wir nicht einmal, dass wir irgendwelche Erwartungen haben. Wir merken nur, dass wir langsam immer mehr enttäuscht und verletzt oder »abgeturnt« sind. Ab nun wird es langsam schwierig: Wir nähern uns nämlich mehr mit gegenseitigen Forderungen anstatt mit Verständnis, Achtung, Sensibilität und emotionalem Überfluss. Zwei liebeshungrige innere Kinder, die ihr Leben lang auf die Erfüllung ihrer Bedürfnisse gewartet haben, stehen sich gegenüber.

Eine Geschichte aus Indien umschreibt diese Situation wie folgt:

»Ein Jäger hatte sich im Urwald verirrt. Er suchte und suchte nach dem richtigen Weg, musste jedoch immer wieder feststellen, dass er nicht dort hinführte, wohin er dachte. Drei Tage lang konnte er niemanden finden, den er nach dem Weg hätte fragen können, und er wurde immer panischer und erschöpfter. Drei Tage nichts zu essen, drei Tage in ständiger Furcht vor wilden Tieren, drei Tage kaum Schlaf. Es gab Schlangen, Löwen und Krokodile. Am vierten Tag sah er frühmorgens plötzlich einen Mann unter einem Baum sitzen. Er sprang auf, umarmte ihn, sang und tanzte und sagte: Wie ich mich freue! Und der andere Mann umarmte ihn und beide waren sehr glücklich. Dann fragte der fremde Mann: Warum bist du so außer dir vor Freude? Der Erste sagte: Ich hatte mich verirrt, und nun habe ich endlich dich gefunden. Du wirst mir helfen, wieder den richtigen Weg zu finden. Da sagte der Zweite: Oh, wie schade! Ich habe mich auch verirrt und dachte, du wirst mir den Weg zeigen.«

Diese Geschichte veranschaulicht die Situation unserer beiden inneren Kinder, wenn sie aufeinander treffen. Sie macht die Freude des Verliebtseins deutlich und zeigt, dass es nicht reicht, »sich gefunden zu haben«.

Der Herbst

Sind die anfänglichen Hemmungen überwunden, bringen die meisten von uns ihre Vorstellungen und Erwartungen klar zum Ausdruck. Wir fordern auf unsere Weise von unserem Partner ein, »was uns zusteht«. Wir möchten unsere Bedürfnisse um jeden Preis erfüllt bekommen. Dafür setzen wir notfalls alle Mittel ein, die uns zur Verfügung stehen: Strategien der Manipulation über Schuldgefühle, der Kontrolle oder der Forderungen. Unsere Eltern haben uns meist gezeigt, wie das geht. Seit unserer Kindheit haben wir deren Methoden geübt und unsere eigenen entwickelt und vervollkommnet. Jedes Kind, das nicht bekommt, was es will, reagiert auf seine Weise – es heult, es schreit, ist trotzig, klammert, beschuldigt, wird krank oder schlägt um sich. Auch unser inneres Kind. Wir erwarten, klagen an, verlangen, wüten, schmollen, jammern oder schmieden Rachepläne. Wir greifen physisch oder verbal an. Wir ziehen uns in selbstgerechter Entrüstung zurück oder attackieren durch Kritik und Verurteilung – immer in dem Gefühl, völlig im Recht zu sein. Nicht aus Bosheit oder Machtinteresse, sondern aus Hunger nach Liebe, aus Angst vor Einsamkeit und Verzweiflung. Von einem Ertrinkenden darf man keine Höflichkeit erwarten, wenn er nach dem Rettungsring greift.

Manche von uns wagen es nie, in die Phase der Forderungen offen einzutreten. Teils aus Angst, den anderen dadurch zu verlieren, teils aus der Illusion heraus, dass man, wenn man sich wirklich liebt, auch ohne Worte gegenseitig erkennen müsste, was man braucht. Sind wir in diesem Muster gefangen, dann beginnen wir in einer Beziehung irgendwann (heimlich) immer mehr zu leiden, fühlen uns als ungeliebtes Opfer und beklagen uns (bei anderen) über unseren Partner – und wenn ihm/ihr selbst gegenüber, erst sehr spät, sehr selten und sehr dezent. Unser Partner bemerkt es meist gar nicht. Wir halten so lange durch, bis wir glauben, unseren Gefährten als den eindeutig »Falschen« entlarvt zu haben, und ihn irgendwann völlig überraschend verlassen. Oder wir werden unbewusst immer resignierter, feindseliger oder krank an Seele oder Körper. Die Fronten verhärten sich, es wird Winter.

Der Winter

Die Zeit, bis wir desillusioniert sind, dauert bei jedem von uns unterschiedlich lange und verläuft in Wellen. Mal sind wir auf dem Nullpunkt unserer Hoffnung, in dieser Beziehung jemals glücklich zu werden, mal schöpfen wir in einem neuen Anlauf frischen Mut. Aber irgendwann ist es so weit, und wir erkennen, dass unser Gefährte nicht der ist, für den wir ihn hielten, dass wir uns getäuscht haben. Wir sind »ent-täuscht«, und das lasten wir ihm bzw. ihr an.

Schuldzuschreibungen und Vorwürfe zu machen ist ein ziemlich weit verbreitetes Phänomen. Wir alle tun es. Wir haben stets die Tendenz, unserem Umfeld die Schuld dafür zu geben, wenn es uns nicht gut geht. Dabei fühlen wir uns völlig im Recht. Diese Reaktion ist die logische Konsequenz aus der Illusion, dass uns unser Partner – und nur er – glücklich machen kann. Und wenn er es kann, dann soll er es gefälligst auch tun. Oder im Nachhinein: Wenn er es hätte tun können, dann hätte er es auch tun müssen.

Tut bzw. tat er es nicht, so halten wir es für böse Absicht oder ein Zeichen von Lieblosigkeit. An dieser Stelle steigen entweder Wut oder Verzweiflung und Schmerz in uns auf. Der Traum ist ausgeträumt. Vorerst.

Eine andere Möglichkeit, in den Winter einer Beziehung einzutreten, ist der Rückzug hinter verhärtete Fronten. Dahinter kann dauerhaftes Beleidigtsein (eher weiblich) oder die dauerhafte Abgrenzung aus Angst vor Einengung (eher männlich) stehen. Gedanken wie »Ich bin sowieso allein, ich kann für mich selbst am besten sorgen, ich brauche niemanden ...« oder »Ich bekomme ja doch nicht, was ich mir wünsche« geben den Hintergrund für jedwede Ablenkung von unserer empfindsamen Seite. Als Ablenkung von unserer Sehnsucht, Sinnlichkeit, aber auch unserer Angst und dem Schmerz des inneren Kindes dienen dann z.B. viel Arbeit, Sport, Putzfimmel, ständiges Nörgeln, Alkohol, Rauchen, Drogen, oberflächliche Affären, extreme Hobbys und Erfolgszwang. Unser Partner hat dann – zu Recht – das Gefühl, mehr oder weniger nie so richtig an uns heranzukommen. Wir halten ihn auf ungefährlichem Abstand. Der Preis dafür ist der Verlust von Vertrautheit, Offenheit und Empfindsamkeit für uns selbst und andere.

Nach vergeblichen Versuchen, den Partner zu dem zu machen, den wir wollen, geben wir uns entweder mit einem lauwarmen, resignativen Arrangement zufrieden, nach dem Motto: »Besser als nichts« oder »So ist es auch mit anderen irgendwann«, oder wir trennen uns von ihm. Die Suche nach »der oder dem Richtigen« beginnt von vorn. Beides ist der Liebe nicht besonders dienlich.

Persönliche Vertiefungsübung »Lieblingsstrategien«

Ist einer der Beteiligten enttäuscht, fühlt sich zurückgewiesen oder ungeliebt und unverstanden, so wird er in der Regel eine Strategie anwenden, mit der er versucht, seine Forderungen durchzusetzen. Der andere reagiert darauf mit seiner eigenen Strategie. Und schon sind wir mitten in dem Spiel, das meist zu Streit, Schmerz, Distanz und Ohnmacht führt.

Wenn wir von unserem Partner nicht bekommen, was wir wollen, reagieren wir meist mit einer Hauptstrategie und – falls die nicht zum Ziel führt – mit einer Nebenstrategie. Z.B. bekommen wir erst einen Wutanfall, und wenn unser Partner nicht nachgibt, beginnen wir zu jammern und ihm ein schlechtes Gewissen zu machen, ihn also über Schuldgefühle zu manipulieren.

Oder wir versuchen als Hauptstrategie, uns zurückzuziehen und zu schmollen. Wenn unser Partner nach einer Weile nicht wie erhofft reagiert, sinnen wir auf Rache, z.B. indem wir ihn gezielt eifersüchtig machen, oder betteln nach seiner Zuwendung. Oder, oder, oder ...

Um Licht in das Dunkel unserer automatisch ablaufenden Streitmechanismen zu bringen, ist es ein erster großer Schritt, sich selbst besser kennen zu lernen. Denn erst wenn wir uns und unsere Automatismen kennen, können wir als Chef dieser Maschinerie bewusst entscheiden, was wir in Zukunft tun möchten.

Dann erst reagieren wir nicht mehr blindlings, sondern agieren, also handeln bewusst.

Eine Möglichkeit, sich selbst besser kennen zu lernen, ist, sich in oder nach solchen Situationen zu beobachten und zu analysieren. Eine andere ist, sich jetzt Gedanken darüber zu machen und diese in Ihr Heft einzutragen. Was ist Ihre Lieblingsstrategie und was Ihre Nebenstrategie? Wenn Sie mehrere »auf Lager« haben, schreiben Sie alle auf.

Lesen Sie erst wieder weiter, wenn Sie die Übung gemacht haben.

Rollenspiele zwischen Freiheit und Nähe

Im Lauf der »Jahreszeiten der Liebe« wird langsam deutlich, für welche von zwei emotionalen Rollen wir uns (unbewusst) entschieden haben: für die Rolle der nach Freiheit strebenden oder die der die Nähe liebenden Persönlichkeit. Diese beiden gibt es praktisch in jeder Beziehung. Die freiheitsliebende Persönlichkeit braucht viel Zeit für sich und ihre zahlreichen Interessen. Die die Nähe liebende Persönlichkeit wünscht sich und bemüht sich um Nähe zum Partner, um Intimität und Offenheit. Wie bei allen vereinfachenden Modellen im menschlichen Miteinander gilt hier auch: Beide Rollen treffen nicht zu 100 Prozent auf jeden von uns zu, denn es gibt keine reinen »Typen«. Wir haben immer beide Anteile in uns. So kann es sein, dass wir in der einen Beziehung die eine Rolle spielen, in einer anderen Beziehung die andere. Es kann auch sein, dass es in einer Beziehung Bereiche gibt, innerhalb derer wir die eine Rolle, und Bereiche, innerhalb derer wir die andere spielen. Es kann aber auch sein, dass wir uns an eine Rolle derart gewöhnt haben, dass wir nur noch sie spielen – und das bis zum Exzess – und den Gegenpol in uns dabei völlig verleugnen. Beide Spiele sind zwei Seiten derselben Medaille: zwei unterschiedliche Aspekte dessen, was wir für Liebe halten.

Das Rollenspiel des Freiheitsliebenden

Der Freiheitsliebende tritt selbstbewusst, unabhängig und frei auf. Er ist charmant, erfolgreich und intelligent. Er braucht Raum und Zeit für sich und das, was ihm wichtig ist: Beruf, Hobbys, Freunde, Selbstfindung, Sport usw. und kommt alleine gut zurecht. So gut, dass er eigentlich keine feste Beziehung braucht.

Spielen wir in einer Beziehung die Rolle des Freiheitsliebenden, so haben wir Fähigkeiten entwickelt, die gewährleisten, dass wir unabhängig von anderen überleben können, denn nichts ist uns unangenehmer als Abhängigkeit. Dies stellt eine Art der Selbständigkeit dar, die übrigens sehr anziehend auf Nähe liebende Persönlichkeiten wirkt. Nähe und Intimität sind einem Freiheitsliebenden nicht so ganz geheuer, vor allem weil er glaubt, dass sowieso kein Verlass darauf ist. Sein inneres Kind hat Angst, sich selbst zu verlieren, vom anderen verschlungen und kontrolliert oder irgendwann sowieso wieder verlassen zu werden.

Markus

Markus beschreibt dieses Gefühl so: »Ich liebe Petra und freue mich manchmal den ganzen Tag auf sie; wenn sie dann um mich herum ist und meine ganze Aufmerksamkeit will, dann möchte ich irgendwann am liebsten wieder Reißaus nehmen. Ich habe in diesen Momenten immer das Gefühl, als könne ich nicht mehr ich selber sein, als wolle sie mich in dieses Wir wie in einen Sog hineinziehen, aus dem ich, wenn ich dem nachgebe, niemals mehr herauskomme. Manchmal reicht ein Blick von ihr, und ich fühle mich so eingeengt, dass ich nur noch Widerwillen und kühle Abneigung empfinden kann. In diesem Blick stehen ihre un-

ausgesprochenen Erwartungen an mich geschrieben. Plötzlich ist keine Freiwilligkeit mehr im Raum. Die Erwartungen erscheinen mir als Pflicht, die mich geradezu erdrückt und meine Liebe und Sehnsucht nach ihr von einer Minute auf die andere erstickt. Ich will nur noch weg.

Sobald ich Abstand habe, kann ich wieder frei durchatmen und fühle mich wie von einer zentnerschweren Last befreit. Nach einiger Zeit fühle ich wieder meine Liebe und Sehnsucht. Dann tut mir der Gedanke, Petra verletzt zu haben, plötzlich weh, und ich möchte zu ihr und sie in den Arm nehmen.«

Meist hatten Freiheitsliebende dominante bis überfürsorgliche Mütter, die sie in ihrer individuellen Entfaltung mit einer übertriebenen Sorge und Mütterlichkeit stark eingeschränkt haben. Die freiheitsliebende Persönlichkeit hat Liebe nur in Verbindung mit Gefangensein, ja fast Auflösung ihrer Identität kennen gelernt, sodass sie sich in einer sehr zwiegespaltenen Position befindet: Einerseits hat sie, wie alle Menschen, eine tiefe Sehnsucht nach Berührung und Wärme, andererseits fast eine Todesangst, sich darin aufzulösen, zu ersticken, ausgesaugt und beherrscht zu werden. Als Freiheitsliebender haben wir nur schlecht Zugang zu unseren eigenen Gefühlen, denn sie könnten uns schwächen und abhängig machen. Noch weniger aber können wir diese zeigen oder mitteilen. Wir leiden unter einer Art Angst, unsere Schwächen könnten ausgenutzt und irgendwann gegen uns verwendet werden, und sind daher zutiefst verunsichert, ängstlich und misstrauisch. Wir können nicht glauben, dass uns jemand wirklich sehen und lieben könnte, ohne uns zu vereinnahmen. Dies berührt einen ganz tiefen Schmerz in uns. So haben wir als Freiheitsliebender auch Angst vor allzu großen Hoffnungen und »Gefühlsduselei«, denn wir kennen (meist unbewusst) die Traurigkeit und Verzweiflung der ehemals erlebten Enttäuschung. Als Freiheitsliebender sind wir gefühlsmäßig somit immer auf der

Hut, uns nicht zu tief einzulassen und uns durch Distanz zu schützen. Liebe erscheint uns als das Ende unserer Freiheit und Individualität, ja Identität. Es ist jedoch nicht die Liebe, die uns bedroht, sondern die Angst vor Auflösung oder Gefangenschaft.

So ziehen wir uns auf eine distanzierte innere Position zurück und reden uns selbst ein, dass es im Leben sowieso und immer ums Alleinsein geht – »Jeder ist im Grunde allein«. In Beziehungen ist der Freiheitsliebende immer etwas zurückhaltend, gibt nichts oder kaum etwas von sich preis und signalisiert, dass es viele wichtige Dinge im Leben gibt – nicht nur den Partner. Er gibt sich kühl und weicht lieber in einen Witz oder in Überheblichkeit aus, anstatt sich zu offenbaren. Der Freiheitsliebende spielt gern den »lonesome cowboy«, den erfolgreichen, unabhängigen Lebensfreund, den spirituell hoch entwickelten Eremiten oder den karrierebewussten Manager. Er belehrt und berät seinen Partner gern bezüglich dessen Unselbstständigkeit oder Klammerverhalten, wenn dieser sich von ihm Offenheit und Intimität wünscht. Diese gefühlsmäßige Bedürftigkeit und Sehnsucht nach Nähe macht dem Freiheitsliebenden Angst, und so gesteht er sie sich selbst nicht ein – und seinem Partner natürlich auch nicht. Stattdessen bekämpft er sie bei seinem Nähe suchenden, anhänglichen Gefährten und »bestraft« ihn mit kühler Distanz bis hin zu massiven Kränkungen.

Sobald die Nähe liebende Persönlichkeit anfängt, Offenheit und emotionale Zugänglichkeit vom Freiheitsliebenden einzufordern, bekommt er das Gefühl, dass jemand an ihm zieht und zerrt, ihn einengt und bedroht. So zieht er sich – bestätigt in seiner Grundangst – noch mehr in sich selbst zurück, fühlt sich dabei aber einsam, isoliert und unverstanden. Das fortwährende Verstecken seines Schmerzes und das Bedürfnis nach emotionalem Kontakt erzeugt eine ständige Anspannung, die der Freiheitsliebende oft durch viel zu viel Arbeit,

Alkohol, oberflächliche Affären oder Drogen abzubauen versucht, was ihn nur noch mehr von sich selbst abschneidet. Die fast zwanghafte Distanziertheit hat mehr mit einem »professionalisierten Umgang mit Einsamkeit« als mit echter Freiheit zu tun. Der Freiheitsliebende spielt gern das Siegerspiel und erkennt daher seine Ängste und Machtspielchen nicht. Dafür erkennt er umso besser die Probleme seines um Nähe und Vertrauen ringenden Gegenübers, von dem er sich oft auch über Schuldgefühle manipuliert fühlt (*»Ich bin offen und hingebungsvoll, und du bist immer nur kalt und zu!«* oder Ähnliches). Die Forderungen und Vorwürfe des Nähe Liebenden setzen ihn so unter Druck, dass er fast nur noch Ablehnung und Widerwillen empfindet und sich daher mehr und mehr entzieht.

Der Freiheitsliebende wirft im Gegenzug normalerweise dem Nähe Liebenden vor, dass dieser zu bedürftig und empfindlich sei. Oder er findet irgendeinen anderen Grund, warum die Beziehung aus Gründen, die der Nähe Liebende zu vertreten habe, nicht funktioniert. Manche Freiheitsliebenden spielen im Streit auch den Verständnislosen *(»Ich weiß gar nicht, was du hast, es ist doch alles in Ordnung«)*. Durch das Wegstoßen oder Abwerten des anderen beschämen und beleidigen Freiheitsliebende oft unbewusst ihr Gegenüber sehr. Dies geschieht jedoch nicht aus Bosheit, sondern in dem Gefühl, aus reiner »Notwehr« zu handeln. Trotzdem leiden sie danach oft unter Schuldgefühlen.

Der Freiheitsliebende identifiziert sich mit seinen Stärken und hat panische Angst vor seinen Schwächen. Er versteckt seine eigene Verletzlichkeit hinter seiner Siegerrolle, damit er sich und andere besser kontrollieren und sein Image aufpolieren kann. Er möchte weder sich selbst noch anderen eingestehen, dass auch er Bedürfnisse nach Nähe, Wärme und Geborgenheit hat und Zärtlichkeit braucht. Einerseits zieht er dadurch Partner an, die sich einen starken Gefährten wünschen, und er genießt die Rolle des »großen Unabhängigen«, den er ja nur vor dem Hintergrund eines anlehnungsbedürftigen Gegenübers spielen kann. Andererseits bekämpft er die weichen, empfänglichen, liebevollen Aspekte des Partners als »Schwächen«, weil sie ihn an die eigenen verdrängten Persönlichkeitsaspekte erinnern. So wünscht sich der Freiheitsliebende in seinem tiefsten Inneren auch, sich einmal anlehnen und loslassen zu können, schreckt aber vor der Angst, das »mit Leben oder Freiheit« bezahlen zu müssen, zurück. Die Wut auf sein Gegenüber, das sich diese Freiheit einfach herausnimmt, lässt er mit Sarkasmus und Gefühlskälte an ihm aus.

Die freiheitsliebende Persönlichkeit kann somit ihre kühle Distanziertheit nur deshalb so gut spielen, weil ihr die Anhänglichkeit und emotionale Abhängigkeit ihres Partners so viel Sicherheit bieten. Sie muss sich nicht um Nähe und Bestand der Beziehung kümmern – das tut ja bereits die Nähe liebende Persönlichkeit. Im Grunde hat nämlich auch der Freiheitsliebende Angst, verlassen zu werden. Droht der Partner mit Trennung, bricht also kurzzeitig einmal aus der Rolle des Nähe liebenden Partners aus, so bemüht sich der Freiheitsliebende durchaus, mehr auf dessen Wünsche einzugehen, um ihn nicht zu verlieren. In dieser Situation entsteht plötzlich Raum für die freiheitsliebende Person, der »Würgegriff« des Nähe Liebenden lässt nach. So gelingt es dem Freiheitsliebenden dann auch mehr, seine Gefühle der Zuneigung wahrzunehmen und diese auszudrücken. Kaum fühlt er sich jedoch wieder in Sicherheit vor dem Verlassenwerden, indem die Zuneigungsbeweise des gerade noch fortstrebenden Partners wiederkehren, beginnen die damit verbundenen Erwartungen, ihm auch gleich wieder die Luft zu nehmen. Die alte Abneigung vor dem Eingeengtwerden kehrt zurück, und das Spiel beginnt von vorn. Wird ein Freiheitsliebender verlassen, so kann dies – wenn er sich seine Gefühle erlaubt –

durchaus dazu führen, dass er vor Schmerz seine Verhaltensmuster überdenkt und erstmalig seine tiefe Einsamkeit empfindet.

Persönliche Vertiefungsübung »Freiheitsliebe«

Vielleicht ist Ihnen beim Lesen des letzten Abschnitts die eine oder andere Person aus Ihrem Bekannten- oder Freundeskreis als Beispiel dazu eingefallen. Tragen Sie zunächst in Ihr Arbeitsbuch diese »Paradebeispiele« ein und zählen Sie die markanten Hinweise auf.

Z.B.: Armin: macht lieber Späße als Liebeserklärungen, hat immer viel Stress im Job, der ihn von seiner Verletzlichkeit ablenkt, macht auf überlegen und unangreifbar, indem er Schwächen, Ängste oder Traurigkeit abstreitet...

Da es keine reinen Typen gibt, haben wir immer beide Bestrebungen in uns – die nach Freiheit und die nach Nähe. Das bedeutet, dass auch Sie einen Freiheitsliebenden und einen Nähe Liebenden in sich tragen. Finden Sie also in Ihren persönlichen Beziehungen die eben beschriebenen klassischen Merkmale, die auf die Rolle des Freiheitsliebenden hindeuten.

Z.B. Ich gehe gern alleine einkaufen, da redet mir niemand rein, im Beruf gebe ich mich oft selbstbewusster, als ich mich im Privatbereich fühle...

Lesen Sie erst weiter, nachdem Sie diese Übung schriftlich gemacht haben.

Das Rollenspiel des Nähe Liebenden

Die Nähe liebende Persönlichkeit tritt warmherzig, offen, verständnisvoll und liebevoll auf. Sie ist sehr feinfühlig, einfallsreich und achtsam mit anderen. Für die Nähe liebende Persönlichkeit dreht sich das Leben hauptsächlich um ihren Partner und dessen Wünsche. Sie definiert sich emotional überwiegend als »Partner/in von ...«, nicht als sie selbst. Der ganze Alltag und die Zukunft ist auf den Partner ausgerichtet. Der Nähe Liebende hat sein Zentrum in den Partner verlagert. Ohne ihn zu leben, erscheint ihm fast undenkbar und löst große Ängste und starken Liebeskummer aus.

Wenn wir uns (unbewusst) dafür entschieden haben, die Rolle des Nähe Liebenden zu spielen, dann sind wir an Intimität, an Nähe, Geborgenheit, Offenheit und Gemeinsamkeit interessiert. Wir wollen so viel Zeit wie möglich mit unserem Partner/unserer Partnerin verbringen; alles andere ist Nebensache.

Wir finden uns meist in der Rolle des selbstlosen Samariters, des freiwilligen Helden für eine gute Sache oder den Dienst am Nächsten, des großzügigen Helfers und Retters – selbst wenn uns diese Rolle auf Dauer völlig überfordert. Zu einem späteren Zeitpunkt der Entwicklung fühlen wir uns als das zu gutmütige Opfer oder die/den nach Rache sinnenden schlecht Behandelten und lassen uns von Außenstehenden bedauern und aufhetzen.

Im Laufe des »Spätsommers« des Kreislaufs der Liebe wird unser Verhalten immer mehr zu einer Art Festhalten und entwickelt sich zu einem mehr oder weniger deutlichen Betteln um Zuneigung. Wir haben als Nähe liebende Person große Erwartungen an den Partner, die wir jedoch oft vor ihm, manchmal sogar vor uns selbst, verstecken, aus Angst, ihn damit zu verärgern oder zu verlieren. Wir fühlen uns dabei rücksichtsvoll. Als Nähe Liebende spüren wir kaum unsere Grenzen und verlieren uns gern im »Wir«. Dabei benehmen wir uns die meiste Zeit tolerant, fleißig, liebevoll, verständnisvoll, großzügig und treu. Das sind wir gewissermaßen auch, allerdings wollen wir mehr dafür, als uns selbst bewusst ist. Wir lassen nichts auf unsere Beziehung kommen, selbst wenn unsere Bedürfnisse kaum noch befriedigt werden. Oft opfern sich diese Personen für den Partner geradezu auf und unterstützen unbewusst eine Situation, in der der andere irgendwie abhängig von ihnen wird, damit sie unentbehrlich werden. Dieses »Sich-unentbehrlich-Machen« stellt eine Sicherheit für den Nähe Suchenden dar, nicht verlassen zu werden, was seine größte Angst ist.

Nähe Suchende haben sich in ihrer Kindheit emotional meist vernachlässigt, manchmal auch durch offensichtliche »Attacken« eines oder beider Elternteile bedroht gefühlt. Die Nähe suchenden Personen haben daher, um sich zu schützen, von klein auf sehr feine Antennen und ein außergewöhnliches Gespür für emotionale Zustände ihrer Mitmenschen entwickelt und sind überdies sehr flexibel und anpassungsfähig. Sie spüren wie Spürhunde die Schwächen ihres Partners auf und unterstützen ihn darin, nehmen ihm gern alles ab. So gewöhnt sich der Freiheitsliebende zunächst unmerklich an diesen bequemen Gefährten, ohne zu merken, dass er auf dem besten Weg in die Abhängigkeit ist – was seine größte Angst ist.

Haben es die Nähe Suchenden schließlich geschafft, an einer unentbehrlichen Schlüsselposition innerhalb der Beziehung zu sitzen, dann wird ihnen oft erst die schwere Last bewusst, die damit verbunden ist, dass alles an ihnen alleine hängt und ohne sie nichts geht. Dennoch haben sie eine erstaunliche Zähigkeit und ein geradezu unglaubliches Durchhaltevermögen, was ihre Belastbarkeit angeht.

Als Nähe Suchender haben wir für das achtlose oder sogar zurückweisende Verhalten unseres Partners lange Entschuldigungen parat und scheinen es nicht zur Kenntnis zu nehmen, dass unsere Anstrengungen einseitig sind. Wir sind nämlich von unserer Kindheit her an diese Situation gewissermaßen »gewöhnt«. Wir gehen in unseren Bemühungen um Liebe zu weit und zu lange über unsere eigenen Grenzen, bis wir wirklich kaum mehr können.

Gabi

Gabi beschreibt diesen Zustand so: »Anfangs war einfach alles mit Ralf ein Traum. Ich wusste sehr schnell, dass ich mit ihm den Rest meines Lebens verbringen möchte, und war superglücklich. So nach und nach bemerkte ich erstmalig eine gewisse Unnahbarkeit an ihm. Ich bemühte mich dann immer, ganz besonders lieb und einfühlsam zu sein, weil ich mir seine Nähe wünschte.

Inzwischen habe ich das Gefühl, als entziehe er sich mir ständig. Zum einen hat er immer weniger Zeit, weil ihm alles andere wichtiger ist. Das tut mir jedes Mal total weh, denn für mich ist er das Wichtigste auf der Welt. Zum anderen komme ich, selbst wenn wir zusammen sind, irgendwie nie richtig an ihn ran, es ist wie eine unsichtbare Wand zwischen uns. Ich fühle mich so ausgehungert nach Liebe und Zärtlichkeit, dass es mir fast körperlich wehtut. Wenn er mich dann wieder so kalt und distanziert behandelt, dann könnte ich nur noch weinen und fühle mich wie der letzte Dreck. Manchmal ist er so gemein zu mir, dass ich eigentlich Schluss machen sollte, aber ich kann einfach nicht. Ich liebe ihn so sehr. Ich werde irgendwie immer kleiner und kraftloser und fühle mich immer hässlicher. Ich weiß nicht mehr, wie es weitergehen soll. Ich komme mir vor wie ein Junky an der Nadel. Obwohl ich mich fast nur noch schlecht fühle, komme ich nicht von ihm los.«

Wenn wir am Ende unserer Kräfte sind, merken wir, dass wir nicht bekommen, was wir brauchen und uns erhofft hatten. Irgendwann wird uns als Nähe Liebender klar, dass wir auch etwas brauchen, und zwar mehr, als nur »gebraucht zu werden«. Zuerst beschweren wir uns dann bei vertrauten Außenstehenden über unseren lieblosen Partner, weil uns für eine direkte Konfrontation anfangs noch der Mut und die innere Überzeugung fehlten.

Als Nähe liebende Person sind wir enorm harmoniebedürftig und haben daher fast immer das Gefühl, der eigene Ärger oder die eigene Traurigkeit sei nicht wichtig genug, deswegen einen Streit zu riskieren. Daher verdrängen wir lieber mit aller Kraft unsere eigenen Bedürfnisse. Ein weiteres Missverständnis der Nähe liebenden Persönlichkeit ist, dass sie tief innen befürchtet, ihre Bedürfnisse würden sowieso niemanden interessieren und sie habe vielleicht nicht wirklich ein Recht darauf, sie erfüllt zu bekommen. Ein Gespräch über die eigenen Bedürfnisse erscheint ihr daher sehr stimmungsgefährdend und wenig aussichtsreich. Trotz ihres Unglücks ist sie nicht wirklich sicher, ob und wann sie ein Recht darauf hat, »nein« zu sagen oder sogar Forderungen zu stellen. Sie traut ihren eigenen Wahrnehmungen über die Ungleichheit der Bemühungen erst, wenn sie lange genug von Außenstehenden darin bestärkt und aufgehetzt wurde.

Als Nähe Suchender haben wir – vielleicht völlig unbewusst – Angst vor einer Ablehnung, Trennung und der Einsamkeit. Wir fühlen uns fast ständig schmerzlich vernachlässigt und nicht wichtig genug für den anderen. Die Angst der Nähe suchenden Person davor, einsam und ungeliebt zu sein, bringt sie dazu, immer wieder verzweifelte Versuche zu unternehmen, Liebe zu bekommen. Dafür gibt sie wirklich alles an Anstrengung. Sie wird zum Schmeichler, zum selbstlosen Helfer, zum Jasager, zum Bettler, der sich völlig auf den anderen einstellt und dabei hofft, verzeiht, wartet und immer mehr frustriert wird. Als Nähe Liebender gehen wir so weit über unsere Grenzen, bis wir kaum noch ein Fünkchen Selbstachtung empfinden. Die Negativspirale ist im vollen Gange: Je mehr wir über unsere Grenzen gehen und dabei zurückgewiesen werden, umso weniger Selbstachtung haben wir. Je weniger Selbstachtung wir haben, umso abhängiger fühlen wir uns von der Liebe unseres Partners. Je mehr wir um seine Liebe betteln und uns dabei würdelos benehmen, umso mehr stößt er uns weg. Wir haben unser inneres Kind völlig verlassen, und es versucht einfach alles, um dort draußen einen Halt zu finden, in dem festen Glauben, es könne ohne die Liebe unseres Partners nicht überleben. Es weiß noch nicht, dass dieses Gefühl aus früheren Zeiten stammt und wir inzwischen frei sind.

Wenn die nicht erfüllten Hoffnungen und Erwartungen schließlich so eine innere Spannung in uns erzeugt haben, dass wir die Unzufriedenheit und die Frustration nicht mehr um des lieben Friedens willen unterdrücken können, bricht es – unter Umständen wegen eines kleinen Auslösers – heftig und plötzlich aus uns heraus. Wir greifen unseren Partner mit schweren Vorwürfen, Schuldzuweisungen und Forderungen – oft unter Tränen – an. Hinterher machen wir uns deshalb Vorwürfe.

Die Position des Nähe Suchenden tut weh. Wenn diese Person alleine ist, leidet sie und fühlt sich einsam und ungeliebt. Sie hat starke Sehnsucht nach dem Partner und hält dies für ein deutliches Zeichen ihrer Liebe. Wenn wir als Nähe Liebende mit unserem Partner zusammen sind, dann greifen wir wie ein Verhungernder nach jeder Brotkrume der Zuneigung, die wir bekommen können. Gleichzeitig sind wir verletzt und wütend über diese würdelose Situation, in die uns vermeintlich unser Partner aufgrund seiner Kaltherzigkeit gebracht hat. Auch wenn wir es uns lange selbst nicht eingestehen: Es liegt ein enormer Schmerz des Ungeliebtseins und Unwichtigseins in uns, der sich zuweilen wie ein Abgrund in unserer Seele auftut. Diese Verzweiflung, unter der jedoch auch eine Menge unterdrückter Wut auf den Partner und die ganze Welt verborgen liegt, kann den Nähe Suchenden gefährlich nahe an den Selbstmord bringen; dieser trägt dann neben der Hoffnungslosigkeit meist auch einen gewissen Trotzaspekt mit manchmal düster aufsteigenden Rachegelüsten in sich.

Eine Nähe sehnende Persönlichkeit verlässt ihren Partner nicht so leicht, denn sie identifiziert sich über das »Wir« der Beziehung. Kaum ein Preis scheint ihr daher zu hoch, die Beziehung zu erhalten und »für die Liebe zu kämpfen oder zumindest zu leiden«, denn es scheint um ihr Leben zu gehen.

Es ist jedoch nicht die Liebe, für die wir hier leiden, sondern die emotionale Abhängigkeit und das Muster aus unserer Kindheit. Unser inneres Kind glaubt immer noch, ohne die Zuneigung des anderen nicht überleben zu können. Wenn wir als Nähe Sehnender am Ende unserer Kraft sind, werden wir entweder krank oder befreien uns mit einem großen, plötzlichen Schlag. Je nachdem, was in uns siegt: der Helfertrip (das Mutter-Teresa-Syndrom) oder der Überlebenswille. In letzterem Fall werden wir im Lauf der Beziehung so frustriert, dass wir irgendwann – meist nach einigen dramatischen Szenen, in denen wir leidenschaftliche und vorwurfsvolle Plädoyers über die Liebe und die Unfähigkeit unseres Partners zur Nähe gehalten haben – diesen plötzlich in einer Art Racheaktion verlassen. Dies meist jedoch erst, wenn wir einen anderen »in petto« haben, auf den wir mit frischer Hoffnung all unsere positiven Erwartungen projizieren können. Wir fühlen uns dabei völlig im Recht.

Die Nähe suchende Persönlichkeit hält verzweifelt Ausschau nach jemandem, der wirklich bereit ist, sich zu öffnen und sich tief auf eine Beziehung einzulassen. Sie möchte nicht am Ende, sondern am Anfang der Prioritätenliste ihres Partners stehen. Die Nähe sehnende Person hält ihren Zustand und ihr Verhalten für Liebe bis hin zur Selbstlosigkeit, was sie wiederum moralisch bestärkt und so das krankhafte Verhalten aufrechterhält. Sie versteckt sich in ihrer Kinderrolle, weil sie unbewusst nicht erwachsen werden möchte, indem sie sich weigert, für ihr Leben und ihre Gefühle die volle und alleinige Verantwortung zu übernehmen.

Die Nähe liebende Persönlichkeit setzt genau wie der Freiheitsliebende auf die falschen Pferde. Was sie für Intimität, Nähe und Liebe hält, beruht in Wirklichkeit auf Angst. Diese Angst des inneren Kindes macht sie korrupt und hindert sie daran, sich als sie selbst in die Beziehung einzubringen. Aufgrund früher Kindheitserlebnisse von Unwichtigsein, Ablehnung oder Verlassenwerden glaubt sie, sie sei nicht liebenswert. Um dies vermeintlich auszugleichen, bemüht sie sich über alle Maßen, sodass sie letztlich nicht mehr sie selbst ist. Sie versucht so zu sein, wie sie glaubt, dass ihr Partner sie haben möchte. Da die Nähe liebende Persönlichkeit dabei jedoch glaubt, nicht sie selbst sein zu dürfen, strengt sie diese ständige Bemühung enorm an, und niemand hält das auf Dauer durch.

Kommt der erwartete »Lohn« nicht, wird die Rechnung aufgemacht, und Wut kommt hoch: »So viel Einsatz für nichts!?« Die Angst vor der Einsamkeit sabotiert die Beziehung genauso wie die Angst der freiheitsliebenden Persönlichkeit vor Intimität. Der Nähe Suchende sucht jemanden, der ihn vor seinen Ängsten beschützt und für immer in Hingabe und Liebe bei ihm bleibt. Das Leben wird ihn jedoch ständig auf sich selbst zurückwerfen, indem man ihn zurückweist, »am ausgestreckten Arm verhungern lässt« oder sich ihm entzieht. Das klingt zunächst traurig, in Wirklichkeit ist es aber eine große Chance.

Persönliche Vertiefungsübung »Sehnsucht nach Nähe«

Bestimmt ist Ihnen beim Lesen wieder jemand eingefallen, auf den der letzte Abschnitt zutrifft; vielleicht haben Sie sich sogar selbst teilweise darin wiedergefunden.

Nehmen Sie sich nun wieder ein bisschen Zeit für sich und überlegen Sie sich, in welchen Situationen und Beziehungen Sie eher die Rolle des Nähe Liebenden spielen und wodurch genau Sie das tun. Schreiben Sie alles auf, ohne es zu bewerten. Denn es ist genauso gut wie jedes andere Spiel.

Z.B. »Ich verwende einen Großteil meiner Gedanken an ihn/sie, ich finde oft Entschuldigungen für gemeines Verhalten mir gegenüber, ich bin mir nie so ganz sicher, wo die Grenze ist – was ich mir gefallen lassen will und was nicht ...«

Lesen Sie erst weiter, wenn Sie die Übung gemacht haben.

Was bei einem Streit passiert – im Netz der Projektionen

Die beiden, der Freiheitsliebende und die Nähe liebende Persönlichkeit, ziehen sich geradezu magisch an. Sie passen sozusagen zueinander wie die Faust aufs Auge oder, etwas netter ausgedrückt, wie der Deckel zu seinem Topf.

Für den Freiheitsliebenden bedeutet Nähe das Gefühl der Bedrohung und Einschränkung seiner Unabhängigkeit und Freiheit. Die Wahrung einer gewissen Distanz gibt ihm also Sicherheit, während die gleiche Distanz für den Nähe Suchenden Bedrohung und Alleingelassenwerden bedeutet. Keine leichte Ausgangsposition für ein Paar.

Jeder von beiden kommt mit den besten Vorsätzen und dem ehrlichen Wunsch, sein Bestmögliches in diese Liebesbeziehung zu geben. Es dauert eine Weile, bis Probleme auftauchen, aber es gibt keine Beziehung, in der das nicht früher oder später geschieht. Unser inneres Kind sehnt sich so sehr danach, geliebt und unterstützt zu werden, und wir projizieren unweigerlich diese Erwartung auf unseren Partner. Und dieser seine Erwartungen und Hoffnungen auf uns. Wenn derart starke unbewusste Mechanismen am Werk sind, fühlen sich beide Beteiligte leicht verletzt und benutzt und ziehen sich in ihre Ängste und Verteidigungshaltungen zurück. Oft ist es eine Kettenreaktion zwischen beiden, und eigentlich liegt dem oft nur ein Missverständnis zugrunde.

Angenommen, jemand sagt (in neutralem Ton): »*Es ist kein Mineralwasser mehr im Kühlschrank.*« Gehört es nun z.B. zu unseren Angewohnheiten, das Verliererspiel zu spielen, so deuten wir den Satz in etwa so: »*Warum hast du nicht dafür gesorgt, dass wir einen Vorrat an Mineralwasser im Kühlschrank haben? Es ist deine Schuld. Du bist einfach unfähig! Es ist wirklich schrecklich, mit dir zusammenzuleben.*« Entweder wir reagieren in diesem Falle mit einer unterwürfigen Entschuldigung und springen auf, um unseren vermeintlichen Fehler sofort wieder gut zu machen. Möglicherweise reagieren wir aber auch automatisch mit einem extrem gereizten Verteidigungsschlag: »*Bin ich vielleicht deine Bedienung? Ich habe es satt, immer von dir angemeckert zu werden! Schließlich habe ich noch andere Dinge zu tun!*«

Spielen wir hingegen das Gewinnerspiel, so hören wir den Satz so: »*Ich habe vergessen, wieder eine Flasche Mineralwasser in den Kühlschrank zu stellen. Mist, ich ärgere mich über meine eigene Achtlosigkeit.*« Demnach reagieren wir dann mit einem mitleidigen, vielleicht sogar etwas spöttischen: »*Oh, das tut mir Leid für dich. Wo hattest du nur wieder deinen Kopf?*«

Solange einer dieser Filme in unserem Kopf abläuft, sehen

wir das Leben nicht so, wie es in Wirklichkeit ist, sondern durch die Augen des verletzten Kindes. Bei jeder Gelegenheit wird in Form einer Kettenreaktion in unserem Inneren ein solcher Film in Gang gesetzt, auf den wir reagieren. Das Ergebnis unserer Reaktionen, wie z.B. im obigen Fall, ist möglicherweise ein Streit mit unserem Partner. Dieser Streit erscheint uns dann darin zu bestätigen, dass wir – beim Verliererspiel – ein unfähiges Nichts sind bzw. die Welt uns Böses will und wir ungerecht behandelt werden, oder – beim Siegerspiel – dass die anderen einfach ein Problem haben.

In Wirklichkeit hat vielleicht unser Partner einfach nur die Feststellung getroffen, dass kein Mineralwasser mehr im Kühlschrank ist – und sich dabei gerade überlegt, ob er die Gelegenheit nicht einmal nutzen sollte, ein Glas Milch zu trinken.

Ist erst einmal beider Vertrauen erschüttert, so wird die Beziehung zu einem Minenfeld. Jeder Schritt kann eine verborgene Bombe hochgehen lassen. Mit irgendeiner Äußerung können wir versehentlich eine alte Wunde unseres Partners berühren, und sein ganzes Abwehrprogramm wird vollautomatisch aktiviert. Dieses wiederum überrascht uns zutiefst, da wir oft keine böse Absicht hatten und den Auslösemechanismus nicht einmal erkennen. Daraufhin geht unser eigener Film los. Das Drama zwischen zwei unschuldigen, verletzten Kindern nimmt seinen Lauf, und die beiden inneren Erwachsenen benehmen sich lieblos, weil keiner für die eigenen Gefühle die Verantwortung übernimmt.

Dennoch kommen wir normalerweise nicht auf die Idee, einen Streit nur als Folge unserer Wahrnehmungsfilter zu erkennen, sondern werten ihn als weitere bittere Bestätigung.

Schon Sigmund Freud, der bekannte Psychiater und Psychoanalytiker, entdeckte, dass wir das zwanghafte Bedürfnis haben, die Muster unserer frühesten Beziehungen (vor allem die zu unseren Eltern) in unseren späteren Beziehungen zu wiederholen. Er nannte das »Wiederholungszwang«. Wir wiederholen unsere wichtigen Kindheitsbeziehungen und ziehen dafür immer wieder Personen an, die die ursprüngliche Wunde in uns berühren. Vielleicht passiert das, weil wir das, was in damaligen Situationen unvollständig geblieben ist, abschließen und heilen wollen. Das heißt, wir verlieben uns in jemanden, mit dem wir das alte Spiel aus unserer Kindheit noch mal aufrollen und weiterspielen können, auch wenn es ein trauriges, schmerzerfülltes Spiel war. Wir wollen es endlich zu einem »Happy End« bringen. So bestimmen unsere Projektionen nicht nur, von wem wir uns angezogen fühlen, sondern auch unser Verhalten in der Beziehung. Insofern kann man sagen, dass Projektionen auch das Wiederholen von alten emotionalen Verhaltensmustern sind.

Unser inneres Kind sieht bei der Projektion in der anderen Person zwei Dinge: den guten und den schlechten Elternteil. Solange wir uns geliebt und unterstützt fühlen, sieht es in unserem Partner den guten und liebevollen, ideal-typischen Elternteil. Benimmt sich unser Partner allerdings nicht wunschgemäß, verwandelt ihn unsere Projektionsmaschinerie in den bösen, zurückweisenden, strafenden Elternteil. Ist der gute Aspekt aktiviert, sind wir glücklich und voller Liebe, ist der böse aktiviert, sind wir wütend, depressiv oder zumindest ziemlich schlecht gelaunt.

Kein Mensch der Welt kann die Wünsche und die Sehnsucht eines verletzten inneren Kindes nach einem idealtypischen guten Elternteil auf Dauer erfüllen – der vernünftige Erwachsene in uns weiß das. Aber das Kind in uns weiß es nicht. Wir möchten als inneres Kind bedingungslos geliebt werden, jeden Wunsch sofort erfüllt bekommen und jede Freiheit haben, die wir brauchen. Wir wollen einerseits lieb und hingebungsvoll sein, manchmal allerdings auch rebellisch und widerspenstig sein dürfen. So versucht unser inneres Kind herauszufinden, ob es auch dann geliebt wird, wenn es nicht brav und bequem ist, und fordert Situationen heraus, in denen es das beim Partner »austestet«.

Genauso ist es mit dem Wunsch nach Anleitung und Unterweisung bzw. Hilfe. Einerseits haben wir als inneres Kind Sehnsucht danach, uns vertrauensvoll zu öffnen, hinzugeben und einen Rat oder Hilfe anzunehmen, wenn wir nicht mehr weiter wissen. Andererseits ärgert sich dabei unser innerer Erwachsener über diese fremde Autorität und geht in eine Art Wettstreit. Er möchte sich von niemandem etwas sagen lassen und rebelliert, weiß alles besser, sagt »nein«.

Für unsere in der Kindheit erlittenen Verletzungen und Demütigungen sind in uns außerdem noch alte Rechnungen offen. Begegnen sie uns in einer Beziehung erneut, so wollen wir diesmal Rache nehmen. Jetzt ist der Zeitpunkt gekommen, da wir uns das alles nicht mehr bieten lassen wollen oder müssen, denn jetzt »sind wir groß« – der lang gehegte Wunsch eines jeden Kindes! Jede andere Person, die diese Wunde berührt, wird zur Zielscheibe unserer unterdrückten und oft unbewussten uralten Wut auf unsere Eltern.

Ein weiterer wichtiger Projektionsbereich ist der der ungelebten eigenen Anteile: Wir projizieren Persönlichkeitsaspekte von uns selbst, die wir zwar in uns haben, aber nicht leben, auf andere. Mit anderen Worten, wir glauben, diese Persönlichkeitsaspekte beim anderen zu erkennen (unabhängig davon, ob er sie wirklich hat oder nicht), während wir selbst davon überzeugt sind, damit nichts zu tun zu haben. Es kann sein, dass wir sie so gut verdrängt haben, z.B. beim Siegerspiel, dass wir so genannte Schwächen – manchmal aufgrund eines kindlichen Missverständnisses – sogar stärken und in uns überhaupt nicht mehr wahrnehmen können. Wenn wir jedoch im Außen damit konfrontiert werden, lösen sie in uns heftige Emotionen wie Wut oder Verachtung oder auch große Bewunderung aus. Von den Seiten in uns, die uns die anderen spiegeln, sind wir entweder stark angezogen oder heftig abgestoßen. Lau ist es nie. Wir fühlen uns angezogen, weil wir diese Aspekte unbewusst wieder integrieren wollen, und abgestoßen, weil uns unsere Erziehung beigebracht hat, diese Teile in uns abzulehnen.

Was bei einem Streit die Sachlage erschwert, ist, dass beide Partner vollkommen davon überzeugt sind, im Recht zu sein. Jeder für sich gesehen ist das ja auch. Auf der gemeinsamen Bühne jedoch hat jeder nur zur Hälfte Recht, denn die innere Welt, die für uns selbst wahr ist, stimmt für den anderen eben nur zum Teil. Er bringt »seine eigene innere Welt« mit in die Beziehung. Diese beiden »Welten« haben Bereiche, die deckungsgleich und Bereiche, die unterschiedlich sind. So ist es fast vorprogrammiert, dass nach endlosen Streitereien einer von beiden die Beziehung aus Verzweiflung oder Wut beendet. Meist bleibt ein schales bis völlig entmutigendes Gefühl zurück. Etwas, das so vielversprechend begonnen hatte, ist (wieder einmal) gescheitert. Es hat den Geschmack von Versagthaben, nicht fähig sein zu lieben oder nicht liebenswert zu sein. Dieses Gefühl zu ertragen ist nicht leicht – so schieben wir es lieber über eine abwertende Projektion dem (Ex)-Partner in die Schuhe: Er/sie ist schuld. So scheitern viele Beziehungen, die durchaus keine Täuschung in der Partnerwahl waren, wie uns unsere nachträgliche Abwertung oft vorgaukelt. Jede Beziehung trägt die Chance in sich, mit sich selbst in einen heilenden und nährenden Kontakt zu kommen, wieder »ganz« zu werden, indem wir unsere Projektionen gezielt nutzen, um verdrängte und verleugnete Aspekte unseres Selbst wieder »nach Hause« zu holen. Haben wir diese Chance vertan, so fühlen wir unbewusst, dass es eine Flucht vor uns selbst war, wenn wir eine Beziehung zu früh beendet haben. Statt diese einzigartige Begegnung für etwas Positives zu nützen, haben wir unsere Energie in Unterdrückung und Bekämpfung abgespaltener Aspekte im Außen verbraucht – welch eine sinnlos vertane Energie und Lebenszeit! Dieses schale Gefühl macht manche Trennungen im Nachhinein so unbefriedigend.

Persönliche Vertiefungsübung »Projektionen«

Um dem spannenden Thema der eigenen Projektionen, die ihrer Natur nach immer unbewusst ablaufen, besser auf die Spur zu kommen, können Sie folgenden Fragen nachgehen:

1. Welche Parallelen zwischen meiner jetzigen (oder letzten) Beziehung und meiner Kindheit gibt es? Welche Gefühle sind ähnlich, welche Reaktionen von außen auf mich und von mir nach außen sind vergleichbar?
2. Mit welchen Eigenschaften oder Verhaltensweisen ähnelt mein Partner einem guten bzw. schlechten Elternteil?
3. Welche seelische Verletzung ist die schwerste aus meiner Kindheit? Gibt es eine thematische oder emotionale Verbindung zu Streitereien in meiner jetzigen/letzten Beziehung?
4. Was bewundere ich, was hat mich an meinem Partner besonders angezogen? Was provoziert mich an ihm am meisten?
5. Was tut er/sie, das ich mir nie erlauben würde?
6. Was tut er/sie leider (mir gegenüber) nicht?

Lesen Sie erst weiter, wenn Sie diese Übung schriftlich gemacht haben.

5. Warum Frauen immer reden und Männer alles besser wissen

So wie unser Denken und unsere emotionalen Muster verschiedene Schwerpunkte haben, hat es auch die Art, wie wir uns ausdrücken. Darin liegen sehr viele Missverständnisse zwischen Frauen und Männern begraben. Manchmal gibt es Momente, da ist es, als ob beide in unterschiedlichen Sprachen sprechen – egal, wie sehr wir uns anstrengen, wir verstehen uns manchmal einfach nicht. Das tut weh, denn es bringt uns mit dem Gefühl der Einsamkeit in Kontakt, und wer will das schon? Damit wir diese Angst vor dem Getrennt- und Einsamsein nicht aushalten müssen, steigern wir uns lieber in eine richtig schöne Wut. Natürlich auf unseren Partner, auf wen sonst? Denn es ist natürlich seine bzw. ihre Schuld, wenn wir uns gerade nicht verstehen, wessen Schuld auch sonst? Und Wut fühlt sich besser an als Angst und Traurigkeit – viel besser sogar! So kommt es, dass wir, sobald wir merken, dass wir uns auch mit Mühe nicht verständlich machen und schon gar nicht einigen können, sehr leicht in Streit geraten. Ein absolut menschlicher Mechanismus.

Anleitung für einen Blitzkrieg

Wenn wir gerade gut in Form sind, dauert es nicht mal eine Minute, und wir befinden uns mit unserem Lieblingsfeind im Kriegszustand. Warum auch Zeit verlieren?

Sie: *»Manchmal habe ich das Gefühl, mein Leben besteht nur aus Arbeit und Frust.«*
Er: *»Was passt dir denn nun schon wieder nicht!?«*

Oder ein anderes Beispiel:

Er: »*Ich hatte heute einen extrem stressigen Tag.*«
Sie: »*Das kenne ich, mein Tag ist auch manchmal der reinste Horror.*«
Er: »*Du wirst doch wohl nicht deinen Stress mit meinem gleichsetzen wollen!*«

Ja, es kann schnell gehen, und von einem Moment zum anderen sind beide vor Überraschung über diese unerwartet negative Wendung des Gesprächs wie vom Donner gerührt. Was ist denn *nun* schon wieder los?!

Viele Männer halten eine negative Gefühlsäußerung ihrer Partnerin für einen versteckten Vorwurf gegen sie. Da der Mann es als seine Aufgabe ansieht, »seine Prinzessin« glücklich zu machen, empfindet er es als sein ganz persönliches Versagen, wenn sie es nicht ist. Spricht also eine Frau von ihren negativen Emotionen, z.B.: »*Ich fühle mich in letzter Zeit nur noch müde und traurig*«, so hört er: »*... und daran bist du schuld! Du bist ein schlechter Mann, und es macht mir keinen Spaß mehr, mit dir zusammen zu sein! Ich werde dich bald verlassen.*« Für ihn ist ihre Äußerung daher wie ein Schlag ins Gesicht ohne Vorwarnung.

Er fühlt sich angegriffen, obwohl die Frau ihm einfach nur ihr Vertrauen schenkt und sein Verständnis und seine Wärme ersehnt. Da er bereits sein Bestes in die Beziehung hineingibt, macht den Mann das Unglück seiner Liebsten zutiefst betroffen. Er hat Angst, sie könnte ihn verlassen, weil sie mit ihm nicht mehr zufrieden ist.

Als Ausdruck seiner spontanen Panik geht er daher an dieser Stelle oft zum Gegenangriff über, z.B.: »*Kein Wunder, du hängst ja nur zu Hause rum und hast nichts zu tun!*« Die Frau, die sich gerade in Hoffnung auf Trost und Liebe vertrauensvoll geöffnet und damit verletzlich gemacht hat, ist geschockt.

Oder umgekehrt: Der Mann erzählt von seinem stressigen Tag. Seine Liebste glaubt, zwischen den Zeilen herauszuhören: »*Es geht mir gerade schlecht, und ich brauche dein Verständnis und deine Wärme!*« Nichts lieber als das, also sagt sie: »*Ich verstehe dich aus eigener Erfahrung*« und meint damit: Ich bin dir nah und an deiner Seite.

In Wirklichkeit aber möchte der Mann Anerkennung seiner Leistung und seiner außergewöhnlichen Belastung. Er will durch seine Äußerung zum Ausdruck bringen: »*Sieh her, was ich alles für dich tue, so sehr liebe ich dich!*« Er erwartet nun ihre Dankbarkeit, z.B. so: »*Ich weiß, was du alles leistest, und ich finde es toll, dass du das all die Jahre so erfolgreich für uns beide geschafft hast!*« Solche Äußerungen würden das Herz eines Mannes erwärmen.

Spricht die Frau an dieser Stelle hingegen von Ähnlichkeiten im Gefühlsbereich, so empfindet er das so, als würde sie sagen: »*Was jammerst du herum, mir geht's genauso! Jammere ich vielleicht?*«

Männer und Frauen »ticken« also irgendwie anders – der ideale Nährboden für Streit und Missverständnisse.

Die Sprache der Frau – auf Verbindung ausgerichtet

Erinnern wir uns an die Urfrau. Was war ihr Job? Vereinfacht ausgedrückt: das soziale Miteinander, Schutzbedürftige beschützen, nähren, fördern oder auch heilen. Es ist sicher kein Zufall, dass Frauen heute noch in den meisten Fällen die Rolle des Nähe Liebenden in Beziehungen spielen. Das haben sie immer getan, es liegt in ihrer Veranlagung. Und umgekehrt genauso. Die Rolle des Freiheitsliebenden ist die emotionale Fortsetzung des in der Wildnis umherziehenden Urmannes.

Auch in der Art unserer Kommunikation zeigen sich diese verschiedenen, gleichwertigen Prioritäten. Die Frau legt Wert auf Verbindendes, der Mann auf Unabhängigkeit und Überlegenheit.

Frauen reden, um die Verbindung zu ihrem Gegenüber zu spüren. Entweder, weil sie sich gerade emotional verletzlich und anlehnungsbedürftig fühlen, oder weil sie ihr Gegenüber bezüglich seiner Zuneigung testen wollen. Frauen kennen die unausgesprochenen Regeln untereinander genau und verhalten sich instinktiv entsprechend.

Wenn eine Frau sich öffnet und ihrem Gegenüber ein Problem erzählt, so signalisiert sie aus ihrer Sicht in erster Linie Vertrauen und den Wunsch, verstanden zu werden. Sie fühlt sich vielleicht unbewusst einsam und versucht im Kontakt mit dem anderen die Botschaft zu erhalten: »Ich verstehe dich, ich fühle oft ähnlich, ich bin dir nah, ich mag dich.« Es ist ein »Aus-der-Deckung-Gehen« und Sich-Zeigen, ein Angebot für Nähe und Intimität. Daher wissen Frauen untereinander, worauf es ankommt, wenn die eine anfängt, von ihren Problemen zu erzählen. Die angemessene Antwort darauf ist in jedem Falle Verständnis, Interesse und Ähnlichkeit zu zeigen. Sie bleiben »auf einer Ebene«. Damit schließt sich für beide der Kreis harmonisch. Beide freuen sich: Die eine, weil ihr Vertrauen und Offenheit entgegengebracht, die andere, weil ihr Verständnis und Zusammengehörigkeit signalisiert wurden. So beginnen und pflegen Frauen ihre Freundschaften.

Christiane und Heike

Christiane hat Ärger in der Arbeit. Sie ruft abends ihre Freundin Heike an und erzählt: »Stell dir vor, was mir heute passiert ist!« (Sie berichtet in allen Einzelheiten von einer neuen Kollegin, die sich sehr kompetent darstellt und sich vor dem gemeinsamen Chef für eine Angelegenheit loben ließ, die in Wirklichkeit Christiane erledigt hat. Christiane war davon so überrumpelt, dass sie die Sache nicht sofort ansprechen und richtigstellen konnte.) Während des Gesprächs bebt sie förmlich vor Entrüstung und Zorn auf die neue Kollegin. Heike antwortet (mit mitfühlender Stimme): »Oh, du Arme! Das versteh ich, dass dich das aufregt, das würde mich auch ärgern.« (Und weiter mit leicht ärgerlicher Stimme): »Das ist aber auch eine arrogante Ziege! Wie kann sie denn so ein Missverständnis einfach so stehen lassen? Dass die sich nicht schämt! Hast du viel mit ihr zu tun?« Christiane: »Gott sei Dank nicht. Sie ist meistens in einer anderen Abteilung. Ich weiß nicht, warum ich nicht gleich was gesagt hab'. Ich war wie gelähmt.« Heike: »Wahrscheinlich, weil du so was Blödes nie tun würdest und dich total gemein behandelt fühltest. Da kann einem schon im ersten Moment die Spucke wegbleiben!«

Heike hat instinktiv nach den weiblichen Regeln reagiert. Sie hat ihr Mitgefühl und ihre Ähnlichkeit demonstriert. Das beruhigt Christiane, sie fühlt sich nicht mehr so einsam. Durch den Ausdruck von Wut auf den »gemeinsamen Gegner« hat Heike Schulterschluss gezeigt und Christiane in ihren Gefühlen und ihrer Sichtweise bestätigt und bestärkt. Dadurch gelingt es Christiane nach einer Weile, die Angelegenheit auch »vernünftig« zu betrachten und zu überlegen, wie es zu ihrem Fehler kam und was nun zu tun ist. Gemeinsam planen sie die weitere Vorgehensweise. Langsam kommt auch wieder Humor auf.

Das Gleiche erwarten Frauen unbewusst von ihrem Liebsten, wenn sie sich ihm mit einer »Schwäche« zeigen, ihm also ein Problem offenbaren. Es ist ein Vertrauensvorschuss und ein Geschenk von ihr an ihn. Sie drückt damit aus: »Ich vertraue dir, und daher zeige ich dir, wie ich ganz da innen fühle. Ich wünsche mir dein Verständnis und deine Nähe.«

Wie man(n) in den Fettnapf steigt

Wenn Frauen das Geschenk »Ich öffne mich, weil ich dir vertraue« übergeben haben, sind sie sehr verletzlich. Verständlicherweise, denn sie sind in diesem Moment gewissermaßen »nackt«. Wer sich in dieser Situation falsch verhält, bekommt viele Minuspunkte, bei einem ersten Kennenlernen kann das bereits das »Aus« sein.

Sehen wir uns nun an, wie das gleiche Gespräch zwischen Christiane und ihrem Freund Udo verläuft:

Christiane und Udo

Christiane erzählt Udo beim gemeinsamen Abendessen die ganze Geschichte. Udo ist aufgrund der vielen Detailschilderungen nach etwa zwanzig Minuten an der Grenze seiner Geduld, nimmt sich aber zusammen. Als sie fertig ist und ihn erwartungsvoll ansieht, hat er das Gefühl, als hätte man(n) die Angelegenheit auch in zwei bis drei Sätzen schildern können. Außerdem ärgert er sich darüber, dass sich seine Liebste so behandeln ließ. Mit einem Ton, der ein gewisses Unverständnis und Ärger über Christianes Zurückhaltung am Nachmittag ausdrückt, bemüht er sich dennoch um Hilfestellung und sagt: »Warum hast du denn nicht gleich gesagt, dass sich diese Zicke mit deinen Federn schmückt? Morgen gehst du zu ihr und sagst, sie soll das umgehend richtigstellen, sonst wirst du es tun!« Und dann (in etwas weicherem Ton):»Stell dich doch nicht so an, ist doch nicht so schlimm!« Christiane sieht Udo einen Moment lang an, dann fängt sie an zu weinen. Unter Tränen versucht sie, ihr Verhalten am Nachmittag zu rechtfertigen. Da sie selbst nicht genau weiß, warum sie in dieser Situation so gelähmt war, gelingt ihr diese Erklärung nicht besonders stichhaltig. Nach einigem Hin und

Her wird sie wütend auf Udo und wirft ihm unter Tränen vor, dass er überhaupt nicht verstanden habe, worum es überhaupt geht, und verlässt mit folgendem Satz türenknallend den Raum: »Mir geht's eh schon so schlecht, und jetzt muss ich mich bei dir auch noch verteidigen, das ist wieder typisch!«

Wenn der Wunsch der Frau Verständnis und Nähe – also Verbindung – ist, dann sind Unverständnis und ein vorschneller »Rat-Schlag« genau das Falsche. Durch Udos Unverständnis bezüglich ihres Verhaltens am Nachmittag (über das sie sich ja selbst ärgert) fühlt sich Christiane neben ihm plötzlich einsam und beurteilt. Da er offenbar ihre emotionale Betroffenheit nicht nachvollziehen kann, fühlt sie sich von ihm getrennt und darum noch schlechter als vorher. Er bohrt sozusagen genau in die Wunde – und das nicht mit liebevollem Verständnis, sondern mit ärgerlicher Stimme. Dadurch, dass er anschließend auch noch sagt, es sei doch gar nicht schlimm, fühlt sich Christiane dann völlig im Stich gelassen, denn für sie ist es definitiv gerade schlimm.

Sie hatte sich gewünscht, dass er Interesse zeigt, ihre Gefühle (und damit sie) achtet und für wichtig hält. Und dass er sie in den Arm nimmt und etwas Nettes zu ihr sagt, wie z.B.: »Ich hab' dich lieb. Du bist eine wundervolle Frau, das weißt du doch. Du hast es wirklich nicht nötig, dir von so einer den Kuchen vom Teller stehlen zu lassen.«

Mit einem schnellen Lösungsvorschlag, schlimmer noch in Verbindung mit einem Hinweis, wo der Fehler lag, fühlen sich Frauen kritisiert und »von oben herab behandelt«. Diese Antwort auf ihr Geschenk, sich »nackt« gezeigt zu haben, ist für sie wie eine Ohrfeige. Der Mann verlässt damit die gleiche Ebene und damit die Vertrauensbasis für das Projekt »Verbindung« und hebt sich eine Stufe darüber. Das wirkt auf Frauen arrogant, überheblich und trennend. Er hat ihr Vertrauen missbraucht. Die versteckte Botschaft hinter einem

Rat-Schlag lautet für eine Frau in dieser Situation: »Ich weiß es besser als du, ich bin anders, mir wäre das nicht passiert, du bist falsch.«

Diese versteckte Botschaft kommt bei Frauen an, wann immer ihnen jemand in einer verletzlichen Situation vorschnell einen Rat gibt, insbesondere, wenn es in einem wenig liebevollen Ton geschieht.

Ist eine Frau gerade mit ihren Gefühlen in Kontakt, so können diese so stark sein, dass sie ihr den klaren, sachlichen Zugang zu ihrer logischen, analytischen Seite versperren. Zeigt ihr der Mann diesen Weg, so wird sie wütend, weil ihr das momentan nicht gelingt und weil sie sich deshalb von ihm getrennt fühlt. Dadurch, dass er nicht mit ihr in ihre Gefühlswelt eintaucht, sondern ihr aus der Welt des Verstandes einen ihr kühl erscheinenden Rat gibt, fühlt sie sich allein gelassen und lastet diesen Umstand ihm an.

Wenn sich eine Frau öffnet, dann kann es ein Geschenk oder ein Fettnapf sein. Es kommt darauf an, wie man(n) damit umzugehen weiß.

Die Sprache des Mannes – auf Unabhängigkeit ausgerichtet

Warum benehmen sich Männer in diesen Momenten wie der Elefant im Porzellanladen? Sind sie von Natur aus gemein und überheblich? Nein, es handelt sich hier um *das* klassische Missverständnis in der Kommunikation zwischen Mann und Frau schlechthin.

Erinnern wir uns an unseren Urmann. Was war sein Job?: Er musste seine Gefühle im Griff haben (also unterdrücken), er musste schnelle Lösungen finden, und er musste überlegen sein, um zu überleben. Ist es da ein Wunder, dass er auch heute noch gern das Siegerspiel und die Rolle des Freiheitsliebenden spielt? – Nein, denn es liegt in seinem genetischen Naturell. Es ist keine Bosheit von ihm, sondern der Teil im Überlebensteam Mann-Frau, der von ihm über Millionen von Jahren erwartet wurde. Dafür wurde er früher von Frauen erwählt und geliebt. Das tut er, um der Frau seines Herzens das Beste zu geben, was er hat: eben die Fähigkeit, seiner Gefühle Herr zu sein und schnelle Lösungen zu entwickeln.

Sein Hinweis auf den zugrunde liegenden Fehler und der Lösungsvorschlag sind sein Geschenk an sie, genau wie ihr Vertrauen das ihre an ihn. Er glaubt, sie kommt mit ihrem Problem zu ihm, weil sie von ihm eine Lösung erwartet. Weswegen sollte sie sonst kommen? Alle Probleme haben von unserem Urmann eine sofortige Lösung erwartet – oder ihn aufgefressen. Er ist durchaus geschmeichelt, dass sie ihn um Rat fragt, denn es bedeutet Anerkennung für ihn. Und er freut sich, ihr das Beste zu geben, das er hat.

Er gibt ihr oft den gleichen Rat, mit dem er selbst Emotionen in den Griff bekommt: Sie nicht so wichtig zu nehmen. Er weiß nicht, dass sich die Frau in dem Moment von ihm als ganze Person »nicht wichtig genommen« fühlt, weil sie sich eins mit ihren Sorgen fühlt: Wer ihren Kummer nicht ernst nimmt, nimmt auch sie nicht ernst – so denkt sie. Der Mann hingegen fühlt sich oft viel losgelöster von seinen Emotionen, daher kann er sie leichter von außen betrachten. Seine Liebste nicht ernst zu nehmen ist dabei keineswegs seine Absicht, im Gegenteil: Gerade, *weil* er seine Gefährtin wichtig nimmt, bietet er ihr sofort seine Unterstützung mit seiner Methode an. Er spielt die Situation herunter, denn so kann man(n) besser eine Lösung dafür finden. Emotionen machen ihm Angst, denn sie untergraben seine Überlebensstrategie. Wenn sich ein Urmann auf seine Ängste und sein Mitgefühl eingelassen hätte, hätte der Säbelzahntiger oder ein anderer Urmensch kurzen Prozess mit ihm gemacht. Sehr starke Gefühle behindern die Fähigkeit, logisch zu denken und zu handeln. Das sitzt jedem Mann noch in den Knochen. Wenn seine Liebste ihm seinen eigenen, ungelebten, emotionalen Aspekt vorlebt, wird unser Mann daher tief innen sehr nervös. Einerseits muss er seine eigenen Emotionen sofort kontrollieren, und andererseits will er ihre vermeintlichen Erwartungen nicht enttäuschen. Sie soll stolz auf ihn sein können, er möchte ein guter Mann für sie sein. Je schneller und einfacher die Fehleranalyse und die Lösung, die er ihr präsentiert, umso glücklicher muss sie sein, so denkt er. Also legt er sich so richtig ins Zeug.

Es ist für ihn in dem Moment keine Frage der Hierarchie und des »Sich-drüber-Stellens«, denn er nimmt an, dass diese Hierarchie zwischen ihnen sowieso besteht. Allein dadurch, dass sich die Frau mit ihrem Problem an ihn gewandt hat, hat seiner Meinung nach *sie* die Hierarchie geschaffen. Er glaubt nun, dass sie von ihm erwartet, intelligent, stark, mächtig, unabhängig zu sein (zu ihrem Schutz) und für jedes ihrer Probleme schnelle Lösungen parat zu haben. Also gibt er in jedem dieser Momente sein Bestes.

Umso überraschter und verletzter ist er, wenn sie ihm ob seiner wunderbar einfachen Sofortlösung nicht dankbar um den Hals fällt. Aber schlimmer noch: Sie greift ihn sogar offen deswegen an und macht ihm Vorwürfe, deren Inhalt er für haltlose Unterstellungen hält. »Wie, nicht richtig zugehört? Was, er habe nicht verstanden, worum es geht?« Aber natürlich hat er zugehört und verstanden, jedes einzelne Wort kann er sogar wiederholen! Er fühlt sich gekränkt und sehr zurückgewiesen.

Männer haben sich über die Millionen von Jahren eine knappe, klare und äußerst direkte Sprache angewöhnt. Man(n) sprach nur dann, wenn es notwendig war. Wenn sie sich während der Jagd gegenseitig etwas zuriefen, so war der ein guter Anführer, der mit möglichst wenigen Worten den anderen sagte, wo es langging. Hat man nur wenige Worte, so müssen diese umso treffender sein. Männer geben daher auch lieber Anweisungen als Frauen. Frauen machen umgekehrt eher Vorschläge und lassen dem anderen die Wahl. Jeder Mann geht davon aus, dass »frau«, genau wie er, exakt das meint, was sie sagt – jedes Wort. Das heißt, Männer meinen und nehmen alles wörtlich.

Als Mann musste man nicht lernen wie eine Frau, bei kleinen Kindern »zwischen den Zeilen« zu lesen. Das heißt, er hört von seinem Verstand aus zu, sehr wach, logisch, linear, analytisch. Das ist seine Stärke. Die indirekten Andeutungen oder Vorschläge von Frauen kommen bei ihm nicht klar genug an, er denkt, es ist wohl nicht so wichtig, sonst wäre es klarer.

Umgekehrt meint er genau das, was er sagt. Eigentlich praktisch. Frauen hingegen glauben oft, etwas zwischen seinen Zeilen herauszuhören, weil ihre eigene Sprache viel indirekter funktioniert.

Aufgrund ihrer ehrlichen Bemühungen und der darauf häufig erfolgenden Vorwürfe hat sich bei Männern eine gewisse Hoffnungslosigkeit breit gemacht, wenn es darum geht, »sich mit einer Frau zu verstehen«. Wenn man alles versucht hat und es klappt nicht, gibt es zwei Möglichkeiten: Entweder ich richte die Enttäuschung und den Frust gegen mich selbst oder gegen den anderen. Es einfach auszuhalten erscheint uns meist unerträglich.

Was dem Mann zu einer glücklichen Kommunikation mit einer Frau fehlt, ist der (verdrängte) Zugang zu seinen Emotionen; der würde ihm helfen, manche inhaltlichen Lücken zwischen den einzelnen Wörtern und Zeilen zu schließen. Der Zugang zu seiner Gefühlswelt würde ihm die zusätzlichen Informationen bieten, die Frauen als Selbstverständlichkeit voraussetzen. Da diese Fähigkeit für Frauen so selbstverständlich ist, halten sie es für Ignoranz, Desinteresse, Dummheit oder sogar für böse Absicht, sich über sie lächerlich zu machen, wenn der Mann das Gesagte »nur wörtlich« nimmt.

Wenn die Frau ihm diesen Weg zu seinen Gefühlen vorlebt und sein Mitgefühl herausfordert, so wird er wütend, weil er dazu momentan nicht in der Lage ist. Für ihn sieht es so aus, als habe sie sein Geschenk in den Dreck geworfen. Er zieht sich zurück.

Die logisch-sachliche Antwort eines Mannes kann ein Geschenk oder ein Rat-Schlag sein, je nachdem, von welcher Seite »frau« es betrachtet.

Dadurch, dass Männer und Frauen stillschweigend davon ausgehen, die gleiche Sprache zu sprechen, kann die unterschiedliche Herangehensweise zu Missverständnissen auf der einen und schmerzenden Unterstellungen auf der anderen Seite führen. Da beide Partner ihre »Rolle« in diesem Szenario mit bestem Gewissen spielen, ist es ebenso schade wie sinnlos, an diesem Punkt im »Film« immer wieder eine Streitszene zu drehen. (Außerdem auf Dauer langweilig für den Beobachter.) Wenn wir davon ausgehen, dass es unter anderem deswegen immer wieder »raucht«, weil der andere nicht weiß, was wir eigentlich von ihm wollen – was liegt da näher, als es ihm zu sagen?

Karin und Günther

Karin ist eine sehr lebhafte, vielseitig interessierte Frau. Sie liest viel und hat vor Jahren eine Therapie gemacht, weil sie »mit sich weiterkommen möchte«. Als sie sich in Günther verliebt, weiß sie, dass es nicht so einfach bleiben wird, wie es anfangs ist. Bei den ersten Auseinandersetzungen fällt ihr diese Erkenntnis wie-

der ein. Eines Sonntagmorgens beim Frühstück will sie ihm von einer Unstimmigkeit mit ihrer Freundin erzählen. Günther liest nebenbei, wie immer sonntags, die Wochenendzeitung. Es ist für ihn ein heiß geliebtes Wochenendritual. Karin merkt aufgrund einer inneren Wallung sehr schnell, dass ihr das Thema zu wichtig ist, um es neben der Zeitung abhandeln zu lassen. So sagt sie zu ihm: »Würdest du mir bitte einen Moment zuhören und die Zeitung weglegen? Es ist mir wichtig, dass du weißt, wie es mir gerade mit Sylvia geht.« Günther legt die Zeitung weg und sieht sie an: »Okay, was ist los bei euch?« Karin berichtet ihm ausführlich von ihren Bedenken, ob sie sich etwas zuschulden habe kommen lassen, weil Sylvia an ihrem regelmäßig stattfindenden gemeinsamen Ausgehabend schon seit drei Wochen »keine Zeit« habe. Möglicherweise habe es auch etwas mit dem Freund zu tun, den Sylvia neuerdings habe. Nach ihrem letzten Telefonat mit der Freundin habe sie diesmal ein ganz komisches Gefühl gehabt, weil sie sich so abgeschoben fühle.

Günther versucht es mit einem Scherz: »Wahrscheinlich ist er besser im Bett!« und wendet sich wieder der Zeitung zu. Karin spürt, dass Enttäuschung und Schmerz in ihr aufsteigen. Sie fühlt sich mit ihrem Thema nicht ernst genommen. Ein Spaß, schön und gut, aber die Zeitung – das ist zu viel. Früher hatte sie in solchen Situationen immer angefangen, ihren damaligen Freund mit einem satten Vorwurf zu bestrafen, z.B. mit »Nie hörst du mir zu, wenn ich mal mit dir reden will!« und wäre türenknallend rausgegangen, um sich schmollend in ihrem Zimmer zu verbarrikadieren – natürlich in der Hoffnung, er würde reumütig hinter ihr herkommen. Dieses Mal jedoch lässt sie ihr Gefühl zu, von niemandem geliebt zu werden und einsam zu sein. Seit der Therapie weiß sie, dass es Gefühle ihres inneren Kindes sind, die mit der heutigen Wirklichkeit nicht unbedingt übereinstimmen müssen. Karin lässt die Wut, die gerade anfing, sich gegen Günther zu richten, wieder los, weil sie weiß, dass er sie liebt. Sie bleibt stattdessen bei den Gefühlen ihres inneren

Kindes und lässt sich noch tiefer hineinfallen. Schließlich laufen ihr die Tränen über die Wangen, und sie sagt zu Günther: »Mir geht's damit einfach so schlecht, ich kann darüber jetzt nicht lachen. Nimm mich doch bitte in den Arm und drück mich, damit ich mich nicht mehr so alleine fühle!« Günther ist überrascht von dem unerwarteten Gefühlsausbruch, legt aber sofort die Zeitung weg und geht zu ihr. Er ist glücklich, ihr durch so einfache Gesten seine Liebe zeigen zu können, aber auch ein bisschen unsicher, wie er jetzt mit ihr umgehen soll. In seinen Armen beginnt sie zunächst erst recht zu weinen und zu jammern, dass alle sie schon immer nach Belieben in die Ecke gestellt hätten, wenn man sie nicht mehr brauchte. Sie lässt ihr inneres Kind reden. Da Günther nicht weiß, was er zu dieser übertriebenen Verallgemeinerung sagen soll, sagt er vorsichtshalber erst einmal gar nichts, sondern streichelt sie nur. Die Situation ist für ihn nicht leicht: Ihre Emotionen berühren ihn, und er spürt einen fast unerträglichen Druck in sich, etwas gegen ihren Schmerz zu unternehmen. Er fragt sie: »Was kann ich für dich tun?« Karin muss über seine offensichtliche Unsicherheit durch ihre Tränen hindurch fast lachen: »Du machst es hervorragend!« Günther weiß nicht genau, was sie meint, drückt sie aber weiter zärtlich an sich. Nach einer Weile beruhigt sie sich schließlich, erwidert seine Umarmung und sagt: »Es ist so schön, dass du da bist!« Jetzt ist Karin wieder aus dem »Film« ihres inneren, verletzten Kindes ausgestiegen und für vertiefende Fragen oder Anregungen offen. Sie fühlt sich voller Liebe zu Günther.

Ein Beispiel, wie es durch offenes Ausdrücken unserer Bedürfnisse leichter wird, uns gegenseitig das zu geben, was wir brauchen.

Geschlechtsspezifische Unterschiede: um Hilfe bitten

Männer fragen niemanden gern um Rat, denn sie halten es für unmännlich und für ein Zeichen von Unfähigkeit. Ist das innere Streben auf Unabhängigkeit und Überlegenheit ausgerichtet, so liegt es auf der Hand, dass Fragenstellen und Rateinholen als ein Zeichen von Abhängigkeit und Unterlegenheit empfunden werden können. Lieber fahren Männer also eine Stunde lang in einer fremden Ortschaft umher, um nach der Straße zu suchen, als gleich zu Anfang jemanden nach dem Weg zu fragen. Das Gefühl der Unabhängigkeit ist existenziell, denn es war für den Mann die Basis für das Überlebensteam Mann-Frau, die verlorene Stunde dagegen nur eine Kleinigkeit.

Für Frauen ist es ganz anders: Weiß »frau« den Weg nicht, fragt sie jemanden, der ihn kennt. Ein netter Nebeneffekt ist für sie neben der Zeitersparnis, mit jemandem Verbindung aufnehmen zu können und ihm die Gelegenheit zu geben, ihr weiterzuhelfen. Frauen wissen, dass das für beide ein schönes Gefühl sein kann. Frauen nehmen Hilfe ebenso gern an, wie sie sie gewähren. Männer hingegen helfen lieber, lassen sich aber nur ungern offen unterstützen.

Bietet eine Frau einem Mann ungefragt Hilfe an, so empfindet er es schon fast als Beleidigung. Denn er »hört« in diesem Fall die versteckte Botschaft: *»Du kannst es offenbar nicht, ich kann es!«* Ist Hilfeanbieten unter Frauen ein Sympathiebeweis, so kann das gut gemeinte Angebot bei einem Mann folglich das Gegenteil bewirken. Meist wird er es daher ablehnen, um seine Rolle als Überlegener und Unabhängiger nicht zu gefährden. Welche Frau würde ihn dann noch attraktiv finden? Umgekehrt bietet er, weil er unbewusst von sich ausgeht (sozusagen aus Höflichkeit), niemandem so leicht seine Hilfe an – denn er will denjenigen schließlich nicht in seiner Ehre kränken. Unter Männern gilt es als achtungsvoll, des anderen Unabhängigkeit vorauszusetzen. Wenn ihn allerdings jemand um Hilfe bittet, ist es etwas anderes. Etwas ganz anderes sogar. In der Regel fühlen sich Männer geschmeichelt und freuen sich, wenn jemand sie um einen Gefallen bittet. Männer helfen gern jemandem, ganz besonders gern ihrer Liebsten. Frauen wiederum erwarten unaufgefordert seine Hilfe, denn es ist unter Frauen üblich, zu sehen und zu spüren, wann jemand Unterstützung braucht. Diese Feinfühligkeit und Achtsamkeit haben sie so selbstverständlich in sich, dass sie sich nicht vorstellen können, dass man(n) es schlichtweg nicht bemerkt haben könnte. Wenn sein Hilfsangebot nicht unaufgefordert kommt, sind sie sehr gekränkt, denn sie interpretieren es als: »*Mir ist egal, wie's dir geht. Mach doch deinen Mist alleine.*«

Geschlechtsspezifische Unterschiede: Lieblingsthemen

Da Männer untereinander wesentlich stärker konkurrenzorientiert sind, reden sie in der Regel nicht oder nur relativ kurz über persönliche Probleme. Und wenn, dann ist ihnen dabei wichtig zu zeigen, dass es auch wieder »nicht soo wichtig ist«. Sie reden lieber über »Dinge«, anstatt (wie Frauen) über Menschen und Beziehungen. Das heißt auch, dass Männer weniger über andere »tratschen«, weil sie bei zwischenmenschlichen Themen insgesamt zurückhaltender sind. Wenn sich Männer untereinander über etwas unterhalten, dann z.B. darüber, wie man den Vergaser reparieren könne, welche Fußballmannschaft den besseren Trainer hat oder welcher Führungsstil in Unternehmen der erfolgreichere ist.

Geschlechtsspezifische Unterschiede: problemorientiert oder lösungsorientiert?

Insgesamt sind Männer bei ihren Gesprächen wesentlich lösungsorientierter. Sie reden nicht, wie Frauen, stundenlang über das Problem und die damit in Verbindung stehenden Gefühle, sondern über Fehleranalysen und Möglichkeiten der Lösung.

Genau das Gleiche erwarten sie von ihrer Liebsten und glauben, dass die es auch von ihm erwartet. Männern ist das ausführliche Sprechen über Gefühle unangenehm. Sie sind der Ansicht, dass Probleme dazu da sind, gelöst zu werden, und zwar so schnell wie möglich. »Nicht reden, sondern handeln« lautet daher ihre Devise. Frauen sind von Natur aus an psychologischen Hintergründen und Feinheiten im sozialen Miteinander interessiert. Deswegen ist es eines ihrer Lieblingsthemen. Sie verstehen nicht, wie man(n) sich dafür nicht interessieren kann.

Wenn ein Mann von einem Problem erzählt – was selten genug vorkommt –, dann findet er in seiner Partnerin zwar eine einfühlsame Zuhörerin, ihr Einfühlungsvermögen empfindet er hierbei allerdings bestenfalls als angenehme Nebensache. Er erhofft sich von diesem Gespräch hauptsächlich die Anerkennung seiner Leistung. Wenn er die an dieser Stelle nicht bekommt, so kann es sein, dass er sich sehr schlecht fühlt. Falls er ausdrücklich nach Lösungsvorschlägen fragt, so will er auch die Ideen seiner Partnerin zu dem entsprechenden Thema hören.

Kommen weder die Anerkennung seiner bisherigen Anstrengungen noch konkrete Lösungen, so hat er danach das Gefühl, als hätte es »wieder nichts gebracht«.

Mit anderen Worten: Frauen geben Männern und Männer geben Frauen nicht immer das, was diese sich von einem Gespräch erhoffen. Die Unzufriedenheit der Männer in einem Gespräch fällt nur weniger auf, weil Männer sich zum einen seltener mit ihren Problemen an jemand anders wenden. Zum anderen würde sich ein Mann nicht darüber beschweren, wenn seine Frau auch keine Lösung für ein Problem weiß, denn im Grunde bestärkt es indirekt sein männliches Ego und beruhigt ihn daher. Mit dem Gefühl, allein zu sein, kennt er sich aus. Bei Frauen ist es anders: Sie fühlen sich schnell allein gelassen und beschweren sich bitterlich.

Mit einem Wort: Beide handeln in der besten Absicht, erfüllen aber in manchen Momenten gegenseitig nicht den verborgenen Wunsch. Wenn es danach »Knatsch« gibt, so aufgrund des Missverständnisses, der andere liebe und achte uns nicht (genug). Sobald wir unsere gegenseitigen wunden Punkte kennen, können wir den richtigen Balsam auftragen.

Thomas und Silke

Thomas kann gut auf Menschen zugehen und ist viel unterwegs. Thomas kennt »tausend« Leute und ist mit jedem schnell gut Freund. Er ist ein beruflich erfolgreicher »Außendienstler«, und jeden Monat geht es um knallharte Umsatzzahlen. Seine Freundin Silke ist der ruhige Pol der Beziehung. Sie kann sich gut alleine beschäftigen; während er abends noch geschäftliche Termine hat, liest sie gern und unternimmt ab und zu etwas mit ihrer Freundin oder dem einen oder anderen guten Freund. Beide befassen sich seit einiger Zeit damit, die Kommunikation in ihrer Beziehung zu verbessern.

Eines Tages erzählt Thomas beim Frühstück, dass er aus lauter Umsatzdruck von seiner Firma in der letzten Nacht sehr schlecht geschlafen habe und schweißgebadet aufgewacht sei.

Spontan fallen Silke Momente ein, in denen sie sich ähnlich gefühlt hatte, und sie empfindet Mitgefühl und Zärtlichkeit für Thomas. Am liebsten würde sie ihn in ihre Arme nehmen und sagen: »Ja, manchmal ist mir auch alles zu viel, und ich denke, ich schaffe es nicht mehr!«

Da beide bereits in vielen Gesprächen über ihre gegenseitigen Bedürfnisse in solchen Situationen gesprochen haben, fällt Silke gerade noch rechtzeitig ein, was Thomas jetzt braucht. Sie drückt sich an ihn und sagt: »Kein Wunder, bei deinem Stress! Ich finde es toll, dass du all die Jahre schon so erfolgreich bist, und ich bewundere es, wie du diese Dauerbelastung so wegsteckst. Was hältst du von einer Rückenmassage, wenn du heute Abend nach Hause kommst?« Thomas geht es schlagartig besser. Er fühlt sich sofort wieder selbstbewusst und ist stolz, so eine wundervolle Frau an seiner Seite zu haben.

Persönliche Vertiefungsübung »Sprachführer«

Überlegen Sie sich nun als Erstes, was die typischen Streitauslöser in Ihrer Beziehung sind (oder in der letzten waren), z.B. »Freizeitprogramm: immer machen wir nur, was *du* willst!« usw. und gehen Sie diesen wie folgt auf den Grund:

Legen Sie eine zweispaltige Übersicht an und schreiben Sie in die linke Spalte den bisherigen typischen Auslöser auf und in die rechte, was Sie sich von Ihrem Partner wünschen. Z.B. linke Spalte: »Ich mache immer wieder mal den Vorschlag, wir könnten mal ins Kino gehen, aber seit Ewigkeiten sitzen wir immer nur vor dem Fernseher und sehen das Programm an, das dir gefällt.« Rechte Spalte: »Ich wünsche mir, dass du heute oder bis zum nächsten Wochenende meinen Vorschlag ernst nimmst und von dir aus mit dem Kinoprogramm auf mich zukommst.«

Machen Sie dann eine Art Gebrauchsanweisung für sich daraus mit ganz konkreten Angaben, was Sie wann hören möchten und welche Art des Verhaltens sie freut. Welche »Zeichen« von Liebe Sie von Ihrem bzw. Ihrer Liebsten erwarten, woran Sie also seine oder ihre Liebe erkennen können und möchten.

Ein weiteres Beispiel. Linke Spalte: »Schlechte Stimmung: Immer lässt du deine Launen an mir aus!« Rechte Spalte: »Ich wünsche mir, dass du so respektvoll zu mir bist und mich vor deiner schlechten Laune beschützt, vor allem, wenn ich nichts dafür kann. Sätze wie: Bitte lass mich einen Moment in Ruhe, mein Schatz, ich habe gerade sehr schlechte Laune und möchte dich damit nicht belästigen, würden mir sehr helfen.«

Oder linke Spalte: »Wenn ich genervt von der Arbeit nach Hause komme, muss ich mir von dir auch noch Vorwürfe anhören über meine Verfassung.« Rechte Spalte: »Wenn ich gestresst heimkomme, wünsche ich mir dein Verständnis und deinen Beistand. Sätze wie: Ich lass dich am besten erst mal in Ruhe, mein Liebling, hm? Ich hab' dich lieb, würden mir sehr gut tun. Ich brauche ca. eine halbe Stunde und bin dann wieder ansprechbar.«

Wenn Sie in einer Beziehung sind, dann bitten Sie Ihren Partner, das Gleiche für sich auszuarbeiten.

Lesen Sie erst weiter, wenn Sie diese Übung gemacht haben.

6. Konstruktiv streiten – wie geht das?

Muss Streiten eigentlich unter allen Umständen vermieden werden? Sind also nur die Beziehungen gut, in denen nie oder selten gestritten wird? Wohl kaum. Oft ist sogar das Gegenteil der Fall. Wo nie gestritten wird, sind nicht beide Partner »voll dabei«. Mindestens einer von beiden hält sich raus. Das ist kein gutes Zeichen, denn die Begegnung ist nicht »echt«.

Da es völlig normal ist, dass es in ehrlichen Beziehungen von Zeit zu Zeit »Knatsch« gibt, stellt sich also die Frage: Wie können wir konstruktiv streiten? Denn oft haben wir in Wut etwas gesagt, das unseren Partner zutiefst verletzt hat und uns im Nachhinein sehr Leid tat. Solche Schläge hinterlassen manchmal tiefe Wunden, die auch durch nachträgliche Entschuldigungen nicht mehr ungeschehen gemacht werden können.

Andererseits fühlen wir uns manchmal von unserem Lieblingsmenschen so provoziert, dass es raus muss – oder wir würden platzen. Wir spüren ganz deutlich: »Jetzt reicht's!«

Drei goldene Regeln für einen gelungenen Streit

Die drei wichtigsten Merksätze, die jeden böswilligen Streit in einen leidenschaftlichen gegenseitigen Informationsaustausch verwandeln können, lauten wie folgt:
1. Ich spreche in Ich-Botschaften.
2. Mein Partner ist nur der Auslöser für meine emotionale Reaktion, die Ursache liegt in mir.
3. Was mein Gefährte sagt, ist eine Ich-Botschaft.

1. Regel: Ich spreche in Ich-Botschaften

Ich-Botschaften sind alle Sätze, die mit einem »Ich« beginnen. Warum ist es so wichtig, im Streit mit einem »Ich« anzufangen? Zunächst einmal hilft uns das »Ich« dabei, mit unserer Aufmerksamkeit zu uns selbst zurückzukehren, denn wenn wir wütend sind, ist unsere Konzentration fast ausschließlich auf unseren Partner gerichtet. Denn er bzw. sie ist schuld – da sind wir uns ganz sicher. Gegen ihn richtet sich daher unsere gesamte Energie in Form von Wut und Vorwürfen oder anderen quälenden Gedanken. Meist greifen wir ihn offen oder verdeckt an – und das geht am besten mit Sätzen, die mit »Du« anfangen, z.B. *»Du bist immer so gemein zu mir!«*, *»Du lässt mir keinen Freiraum!«* usw. »Du-Sätze« deuten sozusagen mit einem langen, spitzen Finger wütend auf unser Gegenüber. Alles, was wir in dieser Situation über unseren Partner sagen, ist ein Vorwurf oder eine Beleidigung, also etwas, das uns im Nachhinein Leid tun könnte.

Wenn wir nun darauf achten, unsere Sätze mit einem »Ich« beginnen zu lassen, so dreht sich unser Aufmerksamkeitsfokus automatisch um. Wir zwingen uns, über uns selbst zu sprechen und nicht über unser Gegenüber. Sprechen wir über uns selbst, so ist es eine ehrliche Mitteilung über unser derzeitiges Befinden. Auf diese Weise können wir zwei gesunde Dinge gleichzeitig tun: Erstens teilen wir unserem momentanen Lieblingsfeind unsere Meinung und unsere Stimmung mit. Das ist gut, um sich im Sinne von Ehrlichkeit und Aufrichtigkeit in der Beziehung besser kennen zu lernen. Und zweitens bauen wir unsere Spannung ab, indem wir uns emotional Luft machen – z.B. durch lautes Schreien oder Tränen. Das kann sehr erleichternd wirken und ist viel gesünder, als den Ärger hinunterzuschlucken.

Die »Ich-Sätze« bewahren uns davor, Dinge auszusprechen, die uns wahrscheinlich schon bald wieder Leid tun würden und dem gegenseitigen Vertrauen schaden. Außerdem sind »Ich-Sätze« viel näher an der Wahrheit als die »Du-Sätze«. (»Du-Sätze« sind nämlich streng genommen fast immer Projektionen.)

Da die Ich-Botschaften uns helfen, auf uns selbst zu achten, sind sie auch eine Unterstützung dabei, die Verantwortung für uns selbst zu übernehmen, also der Türöffner für uns selbst, um uns selbst das zu geben, was wir brauchen: liebevolle Aufmerksamkeit.

Persönliche Vertiefungsübung »Ich-Botschaften«

Die Umwandlung von »Du-Sätzen« in »Ich-Botschaften« während eines Streites ist anfangs nicht gerade einfach, der Automatismus ist sehr eingefahren. Wir können uns eine automatische Reaktion in unserem Kopf wie eine Art graue, laute Autobahn vorstellen, auf der wir schon seit Jahren jeden Tag fahren. Wir kennen den Weg im Schlaf. Es ist natürlich bequemer, fast wie in Trance einfach Gas zu geben und geradeaus weiterzufahren, als den Schwung wegzunehmen und in einen kleinen, holprigen, selten befahrenen Geheimweg abzubiegen ...

Dieser Geheimweg beschreibt zunächst einen engen Bogen und führt dann durch unterschiedlichste Landschaften und – das ist das Besondere an ihm – nur wir können ihn finden! Aber selbst wenn er letztlich den schönsten Platz der Welt verspricht und wir wirklich vorhaben, beim nächsten Mal von der Autobahn herunterzufahren, kann es uns leicht passieren, dass wir, ehe wir es uns versehen, aus reiner Gewohnheit die Abzweigung verpasst haben und daran vorbeigerauscht sind. Erst hinterher fällt es uns dann ein.

Was uns noch fehlt, sind erhöhte Achtsamkeit und das Wissen, wie wir den »Autobahn-Automatismus« in unserem Reaktionsmuster durchbrechen können. Um diese Fähigkeit zu üben und damit die Wahrscheinlichkeit zu erhöhen, beim nächsten Mal wirklich auf den wunderschönen, noch unbekannten Geheimweg abzubiegen, können Sie nun folgende Vorbereitung treffen:

Schreiben Sie die »Du-Sätze« (Autobahn), die Sie am häufigsten gegen Ihren Partner richten (gedanklich oder laut) in die linke von zwei Spalten, z.B. *»Du kommst immer so spät nach Hause!«* Schreiben Sie sich erst alle »Du-Sätze« von der Seele, die Ihnen einfallen.

Wenn Ihnen keiner mehr einfällt, beginnen Sie mit der Übersetzung in »Ich-Botschaften«, die Sie in die rechte Spalte eintragen (Geheimweg). Eine mögliche Übersetzung unseres Beispielsatzes lautet: *»Ich fühle mich immer so allein, wenn du nicht da bist«* oder *»Ich habe Angst, dir liegt nichts mehr an mir.«*

Oder ein anderes Beispiel (linke Spalte): *»Du liebst mich gar nicht mehr so richtig!«* Die Übersetzung in eine »Ich-Botschaft« kann in diesem Fall heißen (rechte Spalte): *»Ich habe Angst, dass du mich nicht mehr so liebst«* oder Ähnliches. Es gibt oft mehrere Übersetzungen. Der hauptsächliche Unterschied besteht darin, dass wir bei den Du-Sätzen mit Vorwürfen über unseren Partner sprechen, während wir bei den Ich-Botschaften über uns und unser Gefühl reden.

Nehmen Sie sich ruhig ein wenig Zeit fürs Tüfteln, anfangs ist es nicht ganz einfach!

Lesen Sie erst weiter, nachdem Sie die Übung gemacht haben.

2. Regel: Mein Partner ist nur der Auslöser für meine emotionale Reaktion, die Lösung liegt in mir

Dies ist die zentrale und gleichzeitig wichtigste Regel für einen wirklich gelungenen Streit! Wenn wir diesen Grundsatz beherzigen, dann kann Streiten beiden sogar richtig Spaß machen, denn dann wird es zu einem leidenschaftlichen Spiel der Selbsterkenntnis. Der zweiten goldenen Regel liegt das Samenkorn der Freiheit zugrunde, denn sie besagt, dass sich niemand ändern muss, damit wir glücklich sein können. Wir können es einfach so und jetzt gleich. Wir brauchen nur in die richtige Richtung zu sehen, nämlich nach innen. Was das bedeutet, erzählt diese kleine Geschichte:

Der Bauer und die Tauben

Es war einmal ein Bauer. Er hatte viele Tiere, unter anderem auch Tauben. Damit diese ihm nicht davonfliegen konnten, baute er ein Gehege für sie. Da der Bauer sehr arm war, konnte er nur ein sehr flaches Gehege bauen. Es war so flach, dass die Vögel darin nicht mehr fliegen konnten. Die Tauben gewöhnten sich bald daran, gemütlich zu Fuß zu gehen oder, wenn es schnell gehen sollte, eilig zu rennen. Sie waren geschickt und behände, wenn es darum ging, sich gegenseitig das täglich vom Bauer hingeworfene Futter zu stehlen. Es ging den Tauben recht gut, und sie wurden immer bequemer. Ein paar Jahre vergingen, und der Bauer erfreute sich einer regen Taubenzucht.

Unter den Tauben hatten sich inzwischen verschiedene Gruppierungen herausgebildet. Die einen konnten sehr geschickt auf ihren zwei Beinchen laufen und gewannen viele der kleinen Futterwettkämpfe. Sie waren deshalb unter den anderen angesehen oder gefürchtet. Diese Tauben brachten ihren Jungen bei, stets zu kämpfen und beim Laufen den anderen nichts zu schenken. Die anderen fügten sich ein bisschen wehleidig in ihr Schicksal und fraßen, was die anderen übrig ließen. Sie lehrten ihre Jungen, lieber höflich zur Seite zu treten, als sich mit diesen Wilden einzulassen. Da würden sie sowieso nur den Kürzeren ziehen und Federn lassen. So gab es über die Generationen hinweg zweierlei Taubengruppen.

Anfangs sprachen die Alten noch oft vom Fliegen. Die Jungen hielten es irgendwann für eine Art Sage, einen Mythos, und lachten nur darüber. Sie hatten nie eine Taube fliegen sehen und waren selbst nie geflogen. Ab und zu träumten die Älteren noch davon. Eines Tages war auch der Letzte der Alten gestorben, der in seiner Jugend noch selbst geflogen war. Und irgendwann vergaßen die Tauben, dass sie eigentlich fliegen konnten.

Eines Tages wurde der Bauer krank und machte sich Sorgen, was mit seinen Tauben passieren würde, wenn er nicht mehr wäre. Denn er hatte keine Kinder. So beschloss er, das Gatter des Geheges zu öffnen, damit die Tauben ein natürliches Leben in Freiheit führen könnten. Er konnte sie nur noch selten füttern und hoffte, sie würden bald hinauslaufen und sich mit der umliegenden Gegend vertraut machen. Draußen gab es köstliches Futter von Mutter Natur, Nüsse und die verschiedensten Früchte und Beeren. Die Tür zum Schlaraffenland der Tauben war nach vielen Jahren des Eingesperrtseins geöffnet.

Die Tauben aber wollten nichts davon wissen. Zwar kam von Zeit zu Zeit eine Taube an der geöffneten Tür vorbei, erschrak dann aber und rannte wieder zu den anderen. Da die Tauben daran gewöhnt waren, gefüttert zu werden, saßen sie herum und warteten auf den Bauern. Als er immer seltener kam, um sie zu füttern, wurden sie böse und bildeten kleine Grüppchen, die sich mit den Rechten von Tauben befassten und revolutionäre Ideen entwarfen. Sie stellten einen Forderungskatalog mit zehn Punk-

ten auf, der dem Bauern übergeben werden sollte. Der Bauer war indes gestorben.

Ab und zu verlief sich versehentlich mal eine Taube und gelangte nach draußen. Als sie bemerkte, dass es hier Futter im Überfluss gab, konnte sie es kaum glauben, und sie lief öfter hinaus. Die anderen betrachteten es mit Kopfschütteln. Eines Tages geschah es, dass eine dieser mutigen Tauben von einem jungen Fuchs erspäht und angegriffen wurde. Vor Schreck schlug die Taube wie wild mit ihren Flügeln, und ehe sie selbst begriffen hatte, was geschehen war, befand sie sich im freien Flug, hoch über dem enttäuschten Fuchs.

Die Taube war völlig fasziniert von ihrer ungeahnten Fähigkeit und fühlte sich dabei so glücklich und frei wie noch nie zuvor. Sie spürte, dass das Fliegen ihrer Natur entsprach, und es gab Momente, da war ihr, als wäre sie schon immer geflogen. Dann wieder war sie ungeschickt und landete ein paar Mal auf dem Bauch. Sie konnte sich jedoch nicht mehr vorstellen, nur noch auf dem Boden umherzulaufen, und sie erzählte den anderen begeistert von ihren neuen Entdeckungen. Sie berichtete auch von dem reichhaltigen Futter und wie schön, auch wenn gefährlich, es dort draußen sei. Aber die meisten hielten die Berichte für nichts als Spinnerei, ja sogar eine geschmacklose Frechheit – angesichts des herrschenden Hungers – und machten sich nicht einmal die Mühe, zum Tor zu gehen und ihre Schnäbel hinauszuhalten. Sie schimpften lieber weiter auf den Bauern und schmiedeten Rachepläne gegen ihn. Dabei wurden sie immer hungriger, wütender und auch schwächer und bekämpften sich gegenseitig.

Dies ist eine Geschichte ohne Ende, denn das Ende ist noch offen. Werden die Tauben weiterhin darauf bestehen, auf den Bauern zu warten und sich über ihn zu beklagen? Dann werden sie sich wohl irgendwann gegenseitig auslöschen oder jämmerlich in Armut verhungern. Oder werden sie ihre Kraft darauf verwenden, von Tag zu Tag selbstständiger und mutiger zu werden? Dann lernen sie dazu, wachsen und entwickeln sich, und es gibt ein Happy End.

Fast jeder Streit beruht darauf, dass wir wollen, dass unser Partner irgendetwas tut oder unterlässt, damit wir glücklich sind. In diesem Fall halten wir unseren Lieblingsmenschen fälschlicherweise für den Bauern, der für unser Futter verantwortlich ist.

Möglicherweise erinnert er unser inneres Kind gerade an die Zeit der schmerzhaften (wenn auch irgendwie bequemen) Abhängigkeit von anderen, an Momente der Demütigung, der Schamgefühle, des Trotzes oder emotionalen Schocks. Alles in uns ist daher in Aufregung. Denn das waren wirklich schlimme Situationen für unser inneres Kind. Es fühlte sich viel zu klein im Vergleich mit den anderen, hilflos und vor allem allein. Wenn unser Partner an diese Wunde rührt, dann kommt uns sozusagen »die Galle hoch«. Dies ist im Beispiel der Geschichte von dem Bauern vergleichbar mit der Wut der Tauben, dass der Bauer nicht mehr kommt und sie sich nicht trauen, selbst für ihr Futter loszuziehen.

Wenn wir bedenken, dass unser inneres Kind viele Jahre lang die Erfahrung gemacht hat und so darauf »programmiert« wurde, dass es einen Erwachsenen braucht, um an das Ziel seiner Träume zu gelangen, so ist es kein Wunder, dass wir uns diese Idee wirklich gut eingeprägt haben. Wir sind wie die Tauben im Gehege daran gewöhnt, dass jemand kommt und unsere Bedürfnisse befriedigt. Selbst wenn wir ebenso daran gewöhnt sind, dass wir nicht immer das bekommen, was wir uns wünschen, so warten wir dennoch in unserem (geistigen) Gehege und hoffen, dass irgendwann einmal alles gut wird – die einen geduldig leidend, die anderen beleidigt oder wütend, und wieder andere tun so, als gäbe es kein Problem, indem sie sich vormachen, sie brauchten ja gar kein Futter.

Die »schlechte« Nachricht ist: Wir brauchen alle körperliche und auch seelische Nahrung! Die gute Nachricht ist: Die Zeit der Abhängigkeit ist vorbei, ein für allemal! Denn wir sind endlich erwachsen und frei; die Tür ist offen, schon lange, und es ist alles da, was wir brauchen. Wir haben es nur noch nicht bemerkt.

Auch wenn dies eine eindeutig positive Nachricht ist, so scheint es doch nicht so ganz einfach zu sein, sie umzusetzen. Die Herausforderung dabei ist, dass wir erst durch das Tor in unbekanntes Gebiet hinausgehen müssen, um zu Nahrung im Überfluss und Freiheit zugleich zu gelangen. Seelisch genährt und zugleich frei sein wollen wir alle. Das unbekannte Gebiet macht uns aber Angst, weil wir dort auf uns selbst gestellt sind. Dort gibt es niemanden, hinter dem wir uns verstecken können und der für uns sorgt; keinen, der an allem schuld ist, wenn uns etwas nicht gleich gelingt, denn hier sind wir selbst verantwortlich. Daran müssen und dürfen wir uns erst gewöhnen. Es braucht Mut, diese Entscheidung zu treffen, und Selbstvertrauen, um loszugehen und die Herausforderung anzunehmen.

Wann immer wir etwas Neues beginnen, ist es logisch, dass wir anfangs viel zu lernen haben und es nicht gleich wie von selbst geht. Laufen mussten wir ja auch erst lernen, und heute ist es eine Selbstverständlichkeit.

Wir haben also die Wahl: Wir können das Abhängigkeitsspiel spielen, also hoffen und warten und kämpfen, dass sich unser Partner ändern wird, und währenddessen in unserem geistigen »Gehege« bleiben. Wir können aber auch das Freiheitsspiel spielen, einstweilen mal eine »Nase« riskieren und zum Tor hinaus sehen und unsere Energie für ein Abenteuer mit uns selbst einsetzen.

Wenn wir die zweite goldene Regel »Mein Partner ist nur der Auslöser für meine emotionale Reaktion, die Lösung liegt in mir« verinnerlicht haben, stehen wir bereits einen Schritt außerhalb des Geheges.

Persönliche Vertiefungsübung »Die Lösung liegt in mir!«

Nehmen Sie sich wieder ein paar Minuten Zeit, und überlegen Sie sich, was Sie sich von Ihrem Partner wünschen. Dies können Dinge sein wie Geborgenheit, Nähe, Verständnis, Vertrautheit, Anerkennung, Liebe, Zärtlichkeit, Sex.

Schreiben Sie alles in Form eines Wunschzettels auf und achten Sie darauf, dass es komplett ist. (Diese Übung funktioniert genauso gut, wenn Sie gerade keinen Partner haben. Überlegen Sie sich dann, was Sie sich von Ihrem zukünftigen Partner wünschen.) Schreiben Sie sich anschließend zu jedem dieser Wünsche auf, was Sie darunter verstehen.

Z.B.: *»Ich wünsche mir von dir Verständnis ...*

... das erkenne ich daran, dass du mir zuhörst, wenn ich etwas erzähle, und mich unterstützt und ermutigst.«

Lesen Sie erst weiter, wenn Sie diese Übung schriftlich gemacht haben.

3. Regel: Was mein Partner sagt sind Ich-Botschaften

Natürlich gilt die Regel Nr. 2 auch für unseren Lieblingsmenschen – selbst dann, wenn er es selbst noch nicht weiß und seine oder ihre Sätze daher mit *»Du bist...«* anfangen. Mit anderen Worten: Welcher Wunsch, welche Forderung oder Erwartung auch immer von ihm an uns gerichtet wird, es ist ein Wunsch seines inneren Kindes. Es ist das, was er schon immer wollte und nicht oder nicht genug von seinen Eltern bekommen hat. Das heißt keineswegs, dass wir unserem Gefährten bzw. unserer Gefährtin diese Sehnsüchte nun aus Liebe und Verständnis erfüllen müssten. (Und natürlich auch nicht, dass wir uns von seinem wütenden inneren Kind alles gefallen lassen müssen.) Genau genommen können wir nicht einmal all seine Wünsche erfüllen, selbst wenn wir es noch sosehr versuchen – es wird uns dauerhaft nicht gelingen. Niemand kann nämlich die Wünsche eines inneren Kindes von außen ganz erfüllen; ihr Geheimnis liegt nämlich darin, dass sie nur von innen dauerhaft erfüllt werden können. Also ist unser Versuch, unseren Liebsten bzw. unsere Liebste glücklich zu machen, zwar lobenswert, aber doch zum Scheitern verurteilt.

Heißt das, Beziehungen sind eine Fehlplanung des Universums? – Nein, im Gegenteil. Jeder braucht ein Gegenüber, mit dessen Hilfe seine unerfüllten Wünsche erst spürbar werden. Gerade indem wir gegenseitig nicht in der Lage sind, sie zu erfüllen, kommen sie uns ins Bewusstsein. Und da sind sie goldrichtig. Um Bedürfnisse, die in unserem Unterbewusstsein schlummern, können wir uns ja nicht kümmern, weil wir sie nicht kennen. Sobald wir in einem Menschen Liebe ausgelöst haben, lösen wir auch seine unerfüllten Hoffnungen aus – und dadurch kann er sie erlösen (wenn er sich dafür entschieden hat). Wie Dornröschen aus dem hundertjährigen Schlaf. – Und das Schöne dabei ist: Jeder ist sein eigener Prinz! Natürlich gilt das auch für uns.

Was also tun mit den Erwartungen unseres Liebsten, wenn wir sie schon nicht erfüllen können? Erwartungen und Forderungen können uns unter bestimmten Umständen ziemlich unter Druck setzen. Da wir unseren Partner lieben, möchten wir gerne seine Wünsche erfüllen, nicht zuletzt damit er uns weiterhin liebt und bei uns bleibt. Außerdem haben wir früher gelernt, dass wir nur dann geliebt werden, wenn wir »schön brav« sind. Wenn wir nun merken, dass wir es nicht schaffen, die Bedürfnisse unseres Liebsten zu erfüllen, bekommen wir Angst und geraten in Stress. Hinzu kommt, dass unser Partner ungeduldig wird und fordernd auf seinem vermeintlichen Recht besteht, das zu bekommen, was er schon so lange vermisst hat. Vielleicht deutet er oder sie mit langem, spitzem Zeigefinger (mit »Du-Sätzen«) auf uns und sagt verletzende Dinge. Wir fühlen uns mit dem Rücken an der Wand.

Von hier aus versuchen wir es mit Rechtfertigungen *(»Das mache ich ja nur, weil ...«)*, Entschuldigungen *(»Bitte verzeih mir noch dieses eine Mal ...«)*, Gegenangriffen *(»Du machst ja auch nicht, was ich möchte ...«)*, Beschwichtigungen *(»Ist doch wirklich nicht so schlimm ...«)* oder (leeren) Versprechungen *(»Es wird bestimmt nicht wieder vorkommen«)*. Je nachdem, welches unsere Lieblingsstrategie ist.

Die dritte Regel ist die Umkehrung der zweiten. Das, was für uns gilt, gilt auch für unseren Partner. Wenn er uns versehentlich für den Bauern hält, helfen wir ihm nur dadurch, dass wir ihm das Tor zeigen – und nicht, dass wir ihm ein paar Futterkrümel hinwerfen. Wenn wir ihm Krümel hinwerfen, so tun wir das vielleicht aus Angst vor seiner Freiheit: Wir halten ihn lieber im Gehege in Abhängigkeit von uns. Wenn er wirklich frei ist, wird er uns dann noch lieben? Wird er dann noch bei uns bleiben? Unser inneres Kind hat panische Angst, verlassen zu werden. Wenn zu lieben heißt, jemandem das Beste zu wünschen, so wird deutlich, dass wir dazu nur in der Lage sind, wenn wir mit unserem inneren Kind einen stabilen, liebevollen Kontakt haben. Dann wissen und spüren wir von innen heraus, dass wir es nicht nur überleben würden, sondern bei uns selbst bleiben und glücklich sein können – selbst wenn uns unser Partner eines Tages verlassen sollte (oder wir ihn). Von dieser Warte aus können wir ihn lieben, ihn in seiner Entwicklung zu Selbstverantwortung und Freiheit unterstützen und darauf vertrauen, dass die Liebe zwischen uns dabei mitwächst.

Persönliche Vertiefungsübung »Das Dolmetscher-Diplom«

Wir wissen aus eigener Erfahrung, dass es anfangs nicht leicht ist, an »Ich-Botschaften« und »Die Lösung liegt in mir« zu denken. Daher ist es nur natürlich, dass es auch unserem Lieblingsmenschen nicht immer gelingt. Wenn er die drei goldenen Regeln nicht kennt, so ist es logischerweise unmöglich, dass er sie einhält. Damit wir trotzdem einen gelungenen Streit führen können, ist es hilfreich, die dritte Regel zu beherrschen.

Schreiben Sie sich nun in aller Ruhe die Lieblingsvorwürfe Ihres Partners an Sie auf. Notieren Sie all die ausgesprochenen und unausgesprochenen Erwartungen, die an Sie gerichtet sind. Z.B. *»Du bist immer so schlampig!«* oder *»Du redest immer so viel!«*

(Wenn Sie mögen, können Sie ihn oder sie auch bitten, Ihnen bei der Sammlung zu helfen, damit sie komplett wird. Achten Sie dabei allerdings strengstens darauf, nicht in eine Diskussion zu geraten! Es geht nämlich gerade nicht ums Rechthaben, sondern darum, ein Wörterbuch, nur für Sie beide, zu erstellen. Sie können sich auch gemeinsam einen Spaß daraus machen.)

Wenn Sie mit der Auflistung fertig sind, beginnen Sie mit der Übersetzung in Ich-Botschaften. Falls Sie die Übung »Ich-Botschaften« gemacht haben, sind Sie ja inzwischen schon ein bisschen geübt. Leicht ist es trotzdem nicht immer. Vonnöten ist die Fähigkeit, sich in den anderen hineinzuversetzen. Von dort aus können wir spüren, was in Wirklichkeit hinter seinem »Du-Satz« verborgen ist – es ist immer eine Ich-Botschaft!

In unserem Beispielsatz (»schlampig«) heißt die »Ich-Botschaft« z.B.: »*Unordnung macht mir Angst und Stress. Ich wün-*

sche mir Ordnung und Klarheit.« In dem Beispiel vom zu viel Reden lautet die verborgene »Ich-Botschaft« z.B.: »*Ich wünsche mir kurze, klare Aussagen, die ich verstehen kann, sonst komme ich durcheinander.«*

(Natürlich können Sie die Übersetzung auch gemeinsam machen. Planen Sie es in diesem Fall rechtzeitig und nehmen Sie sich für den Termin genug Zeit. Gestalten Sie den Raum ansprechend, und sorgen Sie mit Musik und schöner Beleuchtung für eine friedliche, besondere Atmosphäre. Wichtigste Regel: Jeder spricht nur von sich!)

Lesen Sie erst weiter, wenn Sie die Übung schriftlich gemacht haben.

Martina und Heiko

Martina und Heiko sind seit sieben Jahren zusammen. Sie ist Arzthelferin, und er arbeitet bei einer Versicherung im Innendienst. Beide haben schon viele »Aufs und Abs« gemeinsam überstanden. Durch die vielen Streitereien der ersten Jahre, vor allem aber durch die vielen guten Gespräche danach, haben sie inzwischen gelernt, alltägliche Missverständnisse weitestgehend aus dem Weg zu räumen.

An einem »Knackpunkt« entzündet sich jedoch nach wie vor regelmäßiger Streit: Es ist Heikos chronische Unpünktlichkeit. Wie von einem inneren Zwang getrieben, »schafft« er es immer wieder, mindestens eine Viertelstunde später nach Hause zu kommen, als er morgens ankündigt.

Auch heute wieder. Es ist zwanzig nach sieben, seit sieben Uhr ist das Abendessen fertig. Wer nicht da ist, ist Heiko. Martina kocht vor Wut. Sie hat sich auf den gemeinsamen Abend gefreut und sich extra beeilt. Als Heiko schließlich nach Hause kommt, ist die Luft zum »In-Scheiben-Schneiden«. Sie begrüßt ihn gleich mit einem beleidigten: »Das war jetzt das letzte Mal, dass ich abends für uns koche! Jeden Tag warte ich auf dich, ich lasse mich doch von dir nicht zum Trottel machen!« Heiko fühlt sich schuldig und bedrückt, außerdem abgehetzt, weil er sich beeilt und versucht hat, rechtzeitig heimzukommen, denn er ahnte schon, was ihm dort bevorstand.

Ein Wort gibt das andere. Heiko: »Ja, ich weiß schon, jetzt mach kein Theater. Ist doch nicht so schlimm – was sind schon 20 Minuten?« Martina: »Du bist unzuverlässig und gleichgültig, das ist schon schlimm! Darum geht es!« Heiko: »Also, komm – unzuverlässig ist was anderes. Habe ich dich schon jemals versetzt? Du bist einfach zu pingelig und kleinkariert, das ist der Punkt! Was machst du auch genau für sieben das Essen fertig!?« Sie: »Ich, kleinkariert? Du bist ein totaler Chaot, mit dir kann man ja nicht zusammenleben!«

Während der Kampf langsam in die zweite, lautstärkere Runde geht, wird beiden langsam klar: Es ist mal wieder so weit! Martina kommt so in Wut, dass sie inzwischen am liebsten mit Tellern werfen würde. Heiko hingegen fühlt sich von den Vorwürfen an die Wand gedrängt und hält die Heftigkeit der Anschuldigungen für maßlos übertrieben. Martina erinnert ihn irgendwie an seine Mutter, der er es auch nie recht machen konnte, und er spürt den Ärger und die Verzweiflung darüber. Er will raus aus der Streitfalle. Da fallen ihm die »drei goldenen Regeln« ein. Heiko schwenkt um auf Ich-Botschaften und wird ruhiger: »Martina, ich fühle mich gerade ungerecht behandelt. Ich bemühe mich in vielerlei Hinsicht und würde mir einfach etwas mehr Verständnis wünschen für die paar Punkte, wo ich Schwächen habe. Ich weiß, dass die Unpünktlichkeit eine Schwäche von mir ist, und es tut mir Leid für dich.« Martina ist noch nicht so weit. Sie stichelt: »Friss oder stirb, nicht wahr?« Heiko atmet tief durch und übersetzt sich ihre Du-Sätze in Ich-Botschaften. Was hatte sie gesagt?: Er sei unzuverlässig, gleichgültig und chaotisch. In Ich-

Botschaften könnte das in etwa heißen: Martina wünscht sich Zuverlässigkeit, Engagement und Klarheit. Er fragt sie, ob seine Übersetzung stimmt.

Jetzt taucht auch Martina langsam wieder aus ihrem heiligen Zorn auf. Ihr dämmert, welche alte Wunde Heiko wieder einmal in ihr berührt hat. Es ist das Gefühl, nicht wichtig zu sein. Der Großteil der Wut ihres inneren Kindes richtet sich eigentlich gegen ihre Eltern, die ihr früher oft das Gefühl gegeben hatten, eine unwichtige Nebensächlichkeit zu sein. Durch die Ich-Botschaften von Heiko ist sie ruhiger geworden. Sie sagt: »Ja. Ich fühle mich wieder mal unwichtig und ungeliebt. Ich habe Angst, du denkst nie an mich, und es tut so weh, weil ich mich immer so auf dich freue.«

Jetzt sind beide wieder aus ihrem Zorn im Hier und Jetzt angekommen. Der Spuk ist vorbei. Heiko nimmt sie in den Arm: »Du weißt doch, dass du mir total wichtig bist.« Martina lehnt sich an ihn und nickt.

Nach diesem Vorfall überlegt sich Martina, wie sie in diesem Punkt besser für sich selbst sorgen kann, denn sie weiß, dass die Lösung in ihr zu finden ist. Sie muss vernünftigerweise davon ausgehen, dass sich Heiko nicht zum Pünktlichkeitsfanatiker entwickeln wird, hat aber auch keine Lust mehr, sich regelmäßig darüber zu ärgern. Daher entschließt sie sich, in Zukunft nur so lange auf Heiko zu warten, wie sie es mit Vorfreude tun kann, und dann alleine zu essen, wenn sie zu hungrig wird. Ihre entsprechenden Gefühle will sie sich erlauben und in Ich-Botschaften mitteilen. Sie nimmt sich vor, ihrem inneren Kind in diesen Momenten zu sagen: »Für mich bist du wichtig!« So kann sie sich selbst wichtig nehmen und liebevoll mit sich umgehen. Des Weiteren beschließt sie, Heiko eine Viertelstunde Karenzzeit zuzubilligen, für die sie ihn nicht mehr mit Du-Sätzen strafen wird. Denn er hat das »Recht auf seine Schwäche«.

Heiko seinerseits erkennt, dass er sich sein chronisches Zuspätkommen mit etwa 14 Jahren angewöhnt und es viel mit sei-

ner kindlichen Wut auf seine Mutter zu tun hat, dass sein regelmäßiges Zuspätkommen sozusagen eine unbewusste, verspätete Racheaktion gegen sie ist. Er beschließt, Martina vor seinem alten Trotz zu beschützen und achtsamer mit ihr umzugehen. Heiko entscheidet sich, falls es mehr als fünf Minuten später wird, Martina anzurufen und ihr zu zeigen, dass sie ihm wichtig ist.

7. Abhängigkeit ist »out« – Liebe ist »in«

In uns schlummert also sowohl genetisch als auch umgebungsgeprägt die Vorstellung, wir seien nur die eine Hälfte eines Ganzen. Das ist insofern richtig, als wir nur die eine Hälfte der in uns liegenden Möglichkeiten entwickelt haben. Wenn wir also auf die Suche nach einer »besseren Hälfte« gehen, dann können wir getrost erwarten, sie in uns selbst zu finden. Dabei hilft uns unser Partner sogar, denn indem er gerade nicht die bessere Hälfte spielt, erinnert er uns an uns selbst.

Wo Ergänzung zwischen Menschen praktiziert wird, entsteht Abhängigkeit, denn wir geben einen Teil von Tätigkeiten ab. Je länger wir diese Tätigkeiten selbst nicht mehr ausführen, umso fremder werden sie uns und umso unterentwickelter werden unsere dafür notwendigen Fähigkeiten. Irgendwann werden wir so ungeübt darin, dass wir tatsächlich den darauf spezialisierten Partner dafür »brauchen« und möglicherweise sogar vergessen (wie die Tauben), dass wir die entsprechende Fähigkeit in uns tragen. Wenn unser Partner, wie im Millionen von Jahren alten Überlebensteam »Mann–Frau«, seinen Teil zuverlässig übernimmt, ist daran ja auch nichts auszusetzen – es ist schließlich bequem. Was aber, wenn nicht?

Solange beide alle Hände voll mit dem nackten Überleben zu tun hatten, richteten Mann und Frau ihre gemeinsame Aufmerksamkeit darauf, den Hunger zu stillen und einen sicheren Schlafplatz zu finden. Die Herausforderung war, ein Gleichgewicht zwischen den *körperlichen* Grundbedürfnissen und dem Alltag herzustellen. Wenn es ihnen gelungen war, diese Herausforderung zu meistern, waren sie müde und zufrieden. Das war gewissermaßen der Anfängerkurs der Menschheit. Wir haben ihn bestanden.

Wenn es nun wie heute zum Normalzustand gehört, dass unser tägliches Überleben gesichert ist, dann nehmen wir die nächstfeineren Unstimmigkeiten als Herausforderung wahr. Wir sind bereits unzufrieden, wenn die Erwartungen unseres inneren Kindes nicht erfüllt sind, und wollen ein Gleichgewicht zwischen unseren *seelischen* Grundbedürfnissen und unserem Alltag erreichen. Das ist die neue Herausforderung, und die gilt es nun zu meistern. Wir sind also im Fortgeschrittenenkurs der Menschheit gelandet. Den haben wir noch nicht bestanden.

Weil die Arbeitsteilung zwischen Mann und Frau im Anfängerkurs im Zusammenhang mit dem Überleben so gut geklappt hat, übertragen wir diese Erwartung unbewusst auch auf den psychischen Bereich. Immer wenn wir uns »halb« fühlen, »seelisch hungrig« und irgendwie unausgeglichen, richten wir unsere Sehnsucht gewohnheitsbedingt nach außen.

Im psychischen Bereich scheint es allerdings mit der Aufteilung der Verantwortlichkeiten nicht so gut zu klappen. Warum sonst gibt es in jeder Beziehung so oft Streit und böse Enttäuschungen?

Sobald wir unser gewohntes Verhaltensmuster durchschauen, mit dem wir fälschlicherweise im Außen die Antwort suchen, die in Wirklichkeit im Innen zu finden ist, können Zufriedenheit und Entspannung eintreten. Wir können beginnen, die »Mutter- bzw. Vaterschaft« für unser verletztes inneres Kind zu übernehmen und an der wichtigsten und längsten Beziehung unseres Lebens arbeiten: der Beziehung zu uns selbst. Wir können beginnen, uns um uns selbst endlich so zu kümmern, wie wir es uns von anderen immer gewünscht haben. Wir schenken uns unsere geistige Kraft und Aufmerksamkeit, anstatt mit Wut oder »Warten und Hoffen« im Außen nur Zeit und Energie zu verschwenden. Der Bauer kommt nicht mehr – das Tor ist offen!

Erich Fromm, der bekannte Psychoanalytiker und Philosoph, sagte einmal: Die Liebe ist ein Kind der Freiheit. Solange Mann und Frau voneinander wirklich abhängig waren, hatten sie auch mit den unschönen Nebeneffekten von Abhängigkeit zu kämpfen, die eine ehrliche Liebe unmöglich machen: der Angst vor dem Verlassenwerden auf der einen Seite und der Wut auf die Abhängigkeit auf der anderen.

Niemandem macht es Freude, abhängig zu sein, denn Abhängigkeit ist ein Muss, eine Zwangsgemeinschaft, selbst wenn sie noch so versteckt ist. Wir können nicht einfach gehen, wenn wir keine Lust mehr darauf haben. Wir bekommen auch nicht einfach das, was wir vom anderen wollen, sondern sind auf seinen guten Willen und seine Großzügigkeit angewiesen – sehr unangenehm und im Grunde würdelos. Der Freiheitsliebende bekommt »Erstickungsgefühle«, den Nähe Liebenden quält die ungestillte Sucht nach Zuneigung. Wie können wir etwas, das wir zum Überleben brauchen, lieben? Es hat Macht über uns, es bedroht uns – es ärgert uns.

Die gute Nachricht lautet: Wir sind, vielleicht ohne es so richtig zu bemerken, frei voneinander geworden. Frei von der gegenseitigen Abhängigkeit und somit erst frei für die Liebe. Mann und Frau stehen sich erstmalig seit Millionen von Jahren frei gegenüber und können wählen, ob und wie sie miteinander leben wollen. Eine bessere Ausgangsbasis für die Liebe hat es nie gegeben.

Die neue Unabhängigkeit in echte Freiheit verwandeln

Selbst wenn wir ab jetzt immer daran denken, dass Mann und Frau ihrer Natur nach unterschiedlich und damit in Frieden gekommen sind, selbst wenn wir uns zusätzlich angewöhnt haben, möglichst verständnisvoll mit unserem Partner zu sein und ihm unsere Bedürfnisse in einer Sprache mitzuteilen, die er versteht: Wir sind noch immer wie die Tauben im Gehege und haben die Verständigung mit dem Bauern geübt. – Solange noch immer die Erwartung unseres inneren Kindes dahinter steckt, er bzw. sie kann und muss uns glücklich machen, indem er/sie unsere emotionalen Bedürfnisse befriedigt und die »andere Hälfte« unserer selbst spielt, haben wir unsere unermessliche Freiheit noch nicht erkannt – und schon gar nicht für uns in Anspruch genommen. Wir benehmen uns bis hierher also noch immer wie die Tauben, die auf den Bauern warten, wenn auch auf einem wesentlich höheren sprachlichen Niveau.

Warum reicht es nicht, die »frohe Botschaft von der Freiheit« zu hören? Wir haben sie alle schon irgendwann einmal gehört oder gelesen. Selbst wenn wir sie verstanden haben, tappen wir beim nächsten Mal prompt wieder »in die Falle unserer alten Gewohnheit«. Warum ist es nur so schwierig?

Denken wir nur ans Autofahren! Wie schwierig war es am Anfang, all diese komplexen Abfolgen zu beachten und an alles zu denken: Kupplung treten, einen Gang einlegen (möglichst den richtigen), blinken, in den Rück- und Seitenspiegel sehen, Kupplung langsam kommen lassen (hoppla! – nicht so schnell!), gleichzeitig Gas geben (halt, halt! – nicht so viel!) und dann noch lenken. – Uff! Wie oft sind wir damals losgeholpert und haben den Motor abgewürgt. Haben wir daraus gefolgert, Autofahren könnten wir nicht? – Nein. Es war zwar manchmal deprimierend, aber wir wussten, dass wir eben noch Übung brauchten. Das hat uns immer wieder angespornt, so lange weiter zu üben, bis es nach und nach immer besser ging. Und jetzt können wir es fast im Schlaf. Neue Fähigkeiten fordern immer zunächst einmal unseren Mut, besondere Achtsamkeit und viel, viel Übung heraus.

Mit der Liebe ist es genauso. Sie ist eine ähnlich komplexe Angelegenheit wie das Autofahren, und wir können sie lernen. Oder haben Sie schon einmal von einem Fahrschüler gehört, der am ersten Tag sagt, man müsse ihm das richtige Auto vor die Tür stellen, und dann könne er automatisch gut fahren? In so normalen Dingen wie Autofahren wissen wir ganz genau, dass nur »Übung den Meister macht« und »noch kein Meister vom Himmel gefallen ist«. Bei der Liebe gingen wir seltsamerweise bisher davon aus, es müsse nur »der oder die Richtige« kommen, und schon könnten wir lieben. Dass es ganz so einfach nicht ist, haben wir alle bald zu spüren bekommen.

Bringt es etwas, beim Üben immer wieder das Gleiche zu tun? Wenn es das Richtige ist, ja! Wenn es allerdings das Falsche ist, dann nicht! Wir würden in letzterem Fall nur immer geübter, das falsche Verhalten eleganter auszuführen. Wir brauchten einen Fahrlehrer in Sachen »Liebe und Freiheit«. Solange wir nicht wissen, worauf wir achten müssen, üben wir also immer nur das falsche Verhalten. Das Ergebnis ist, dass wir immer wieder – mehr oder weniger – am gleichen Endpunkt ankommen (und zwar in den meisten Fällen relativ deprimiert).

Wenn wir ein grundsätzlich anderes Ergebnis erzielen möchten, ist es also notwendig, etwas grundsätzlich anders zu tun.

Der erste Schritt zum Tor hinaus ist der, unsere innere Verstrickung zu erkennen und zu entwirren. Wir haben uns nämlich, ohne es zu merken, geistig mit unserem bzw. unserer Liebsten zusammengeknotet. Und nun scheint jeder Schritt, den wir tun, mit ihr oder ihm zu tun zu haben und nur dann möglich zu sein, wenn er/sie mitmacht.

Wir alle haben im Zusammensein zuweilen das Gefühl, als hingen wir in Bezug auf einen bestimmten Wunsch von einem entsprechenden Verhalten unseres Partners ab: Weil sie so unordentlich ist, können wir nicht entspannen. Weil er so unpünktlich ist, müssen wir immer warten. Weil er so wenig Zeit hat, sind wir so viel allein. Weil sie immer so leidet, können wir unseren freien Abend nicht richtig genießen usw.

Mit solchen Sätzen stellen wir eine Verbindung zwischen zwei Dingen her, die eigentlich keine Verbindung haben. Sie haben sie nur dadurch, dass wir sie mit einer Bedingung verknüpfen. Mit solchen Bedingungen machen wir uns künstlich das Leben schwer, denn schon bilden wir uns ein, wir brauchten unseren Partner, um glücklich zu sein: Wir haben uns zusammengeknotet. Was ist die logische Konsequenz? Da wir uns durch die selbst aufgestellte Bedingung abhängig fühlen, versuchen wir mit aller Kraft, unseren Partner zu verändern und in die Richtung zu zerren, in die wir wollen. Er tut das Gleiche. Ein kräftezehrender Prozess beginnt, der nur dazu führt, dass wir langsam zu Feinden werden. Ganz abgesehen davon, dass keiner sich dadurch ändern wird, ist es respektlos, es überhaupt zu erwarten. Nur, weil es dem einen von uns gerade so passen würde, soll der andere ein anderer werden als der, der er ist? Dieser sinnlose Kampf beruht auf dem alten Abhängigkeitsdenken von Mann und Frau – einer uralten Angewohnheit unseres Denkens, sonst nichts mehr.

Persönliche Vertiefungsübung
»Verstrickungen«

Ein schönes gemeinsames Ritual ist in diesem Zusammenhang folgendes: Binden Sie sich eine Schnur (z.B. einen Wollfaden) um den Bauch. Ihr Partner tut das Gleiche. Dann verbinden Sie diese beiden »Gürtel« und verknoten sie mit einer Schleife in der Mitte, sodass etwa 1–2 m Abstand zwischen Ihnen ist. Sie sind nun zusammengebunden. Die Schnur mit der Schleife symbolisiert Ihre Verbindung über Bedingungen mit Ihrem Partner. Bleiben Sie mindestens 15 Minuten in dieser Verstrickung und bewegen Sie sich dabei in Ihrer Wohnung. Machen Sie irgendetwas, z.B. Kaffee kochen, aufräumen, Tisch decken, … und spüren Sie, wie Sie sich fühlen. Nach der Viertelstunde lösen Sie die Schleife und fühlen, wie sich jetzt Ihre Beziehung anfühlt. Lassen Sie diesen Moment erst auf sich wirken. Dann erzählen Sie sich gegenseitig, was Sie erlebt haben.

Lesen Sie den Kommentar im Anhang erst, nachdem Sie die Übung gemacht haben.

Peter und Sabine

Als sich Peter und Sabine kennen lernen, haben beide schon gewisse Erfahrungen hinter sich. Peter hat eine Beziehung mit einer grundlos sehr eifersüchtigen und klammernden Frau hinter sich und weiß, dass er das nicht mehr mitmachen würde. Sabine hat eine Partnerschaft hinter sich, in der sie sich ungeliebt und nicht richtig respektiert fühlte. Auch das will sie nicht mehr, sie wünscht sich gegenseitige Wärme und Achtung. Beide wissen, dass Liebe ein Übungsfeld ist.

Auf das Thema mit der Eifersucht kann sich Sabine einstellen. Sie kann sich überhaupt auf vieles einstellen, denn sie ist sehr anpassungsfähig. Peter ist ein attraktiver, sensibler, erfolgreicher, sportlicher Mann, Sabine eine gut aussehende, warmherzige, ebenfalls sensible und intelligente Frau. Sie haben eine gute Zeit miteinander. Nach ein paar Jahren ziehen sie zusammen.

Inzwischen haben sich ihre »Lieblingsthemen« für Streitereien herauskristallisiert: Sabine ist ihm zu unordentlich, Peter ihr zu »cool«. An diesen beiden Themen entbrennen ihre häufiger werdenden Diskussionen. Peter ist ordnungsliebend und fühlt sich durch Sabines liegen gelassene Kleider oder Tassen im Wohnzimmer in seinem Wohlbefinden eingeschränkt. Er braucht Ordnung als Bedingung, um sich erholen zu können. Sabine fühlt sich hingegen durch die ständigen Vorwürfe kaum noch entspannt und nicht richtig »zu Hause«, sondern wie ein ungebetener Gast. Auf der anderen Seite möchte sie mehr Intimität und Vertrautheit und fühlt sich durch Peters Coolness aus seinem Leben ausgesperrt. Er erzählt ihr nie von seinen Ängsten, Freuden, von seiner Trauer oder seinem Schmerz. Es verletzt sie, dass er offenbar kein Vertrauen hat, mit ihr seine offensichtliche Sensibilität zu teilen. Es ist für sie die Bedingung dafür, dass auch sie sich emotional noch weiter öffnen kann – ein echter Herzenswunsch von Sabine. Peter fühlt sich durch ihre immer penetranter werdenden Forderungen nach Gefühlsäußerungen oder dem Zugeben von Schwächen immer mehr in die Enge getrieben. Was will sie nur von ihm? Es läuft doch alles bestens! Er verweigert ihr (wie sich selbst) Einblick in seine Gefühlswelt. Die Fronten verhärten sich zunehmend.

Nach vielen Tränen, Kämpfen und Drohungen erkennt Sabine, dass sie auch ohne seine Bereitschaft zu emotionaler Offenheit einen tieferen Zugang zu ihrer eigenen sensiblen Seite bekommen kann. Als sie sich dafür entscheidet, verschwindet ihr Ärger auf Peter und weicht einem Mitgefühl. Sie erkennt plötzlich, dass er eine ähnliche Angst vor seinen Gefühlen hat wie sie selbst vor ihren eigenen. Und sie erkennt, dass ihre Bedingung »Erst wenn er ..., kann ich ...« eine Art unbewusste Ausrede war, weil sie sich nicht selbstverantwortlich für ihren Herzenswunsch einsetzen wollte. Sie lässt Peter mit diesem Thema in Ruhe, liest entsprechende Bücher und nimmt mit großem Interesse an verschiedenen Selbsterfahrungskursen teil. Sie verändert sich. Sie nörgelt und stichelt weniger an ihm herum. Sie kann ihn besser akzeptieren, wie er ist.

Im Gegenzug entspannt sich Peter wieder. Er lernt, sich auch in einer gewissen Unordnung zu erholen, und kann ihr im Lauf der Zeit sogar seine diesbezüglichen Gefühle besser erklären. Ordnung bedeutet für ihn »alles unter Kontrolle« und alle Pflichten erledigt zu haben. Sobald er etwas herumliegen sieht, empfindet er immer einen Druck, dies erst wegräumen »zu müssen«, bevor er sich ausruhen könne. Diesbezüglich fühlte er sich von Sabines gutem Willen abhängig, was ihn ärgerte. Dieses Gespräch führt dazu, dass es Sabine aufgrund ihres wachsenden Verständnisses leichter fällt, ihm bezüglich Ordnung bis zu einem gewissen Grad entgegenzukommen. Noch räumt sie »für ihn« auf.

Peter verändert sich. Er hört nach und nach auf, ständig an Sabine herumzukritisieren, sondern betrachtet es als eine Herausforderung, seine selbst gestellten Bedingungen »Erst wenn sie ..., dann kann ich ...« aufzulösen. Er beschließt, dass ihm das Zusammenleben mit Sabine wichtiger ist als seine Regel »Ordnung«. Er übt, sich auch in gemäßigtem Chaos zu entspannen, und wenn es gar nicht geht, Sabines »Reste« in die Küche zu stellen oder auf ihr Bett zu legen, weil ihm der Wunsch seines inneren Kindes wichtig ist.

Auch Sabine entspannt sich hinsichtlich des Themas »Gast oder Chaos«. Irgendwann merkt Sabine, dass sie sich in einer aufgeräumten Wohnung selbst wohler fühlt. Seitdem tut ihr das tägliche Aufräumen richtig gut. Ihre Beziehung zu Peter ist wärmer denn je.

Was ist hier geschehen? Beide haben an einem bestimmten Punkt in der Beziehung mit dem Versuch aufgehört, den anderen ändern zu wollen. Sie sind sich ihres unbewussten Abhängigkeitsspiels bewusst geworden und haben es beendet. Stattdessen haben sie begonnen, sich ihren Bedürfnissen direkt zuzuwenden.

Um uns von dieser überalterten Angewohnheit in unserem Kopf zu befreien, dass die Bedingung für unser Wohlbefinden im Außen liegt, gibt es eine schöne Lockerungsübung in zwei Schritten. Sind Sie bereit für ein kleines geistiges Abenteuer? Dann los:

Persönliche Vertiefungsübung »Bedingungen«

Schritt 1:
Schreiben Sie im ersten Schritt alle Bedingungen auf, die Sie in Bezug auf Ihren Lieblingsmenschen (oder auch andere für Sie wichtige Personen) in sich finden können. Am besten hat sich die Formulierung »Wenn nur ... endlich ..., dann könnte ich ...« bzw. »Wenn ... nur nicht mehr ..., dann müsste ich nicht ...« bewährt, z.B. *»Wenn Peter nur endlich offener wäre, dann könnte ich mich tiefer einlassen.«* Oder: *»Wenn Sabine nur nicht mehr so schlampig wäre, dann müsste ich nicht immer alles hinter ihr her räumen.«*

Machen Sie jetzt diesen ersten Teil der Lockerungsübung. Lesen Sie erst weiter, wenn Sie damit fertig sind!

Schritt 2:
Im zweiten Schritt lösen Sie die künstliche Verbindung zwischen den beiden Dingen auf. Das können Sie dadurch tun, dass Sie den ersten Teil, der mit »wenn« beginnt, durch den

Satz: »Wenn ich es wirklich möchte, ...« ersetzen und den jeweils zweiten Teil des Satzes, der mit »dann« beginnt, in die Wirklichkeitsform setzen und einfach direkt dahinter schreiben.

Ein Beispiel:
1. Schritt: *»Wenn Peter nur endlich offener wäre, dann könnte ich mich tiefer einlassen.«*
2. Schritt: *»Wenn ich es wirklich möchte, dann kann ich mich tiefer einlassen.«*

Diese Übung kann uns ganz schön an die Grenzen bringen. Lassen Sie sich nicht von unseren eingefahrenen »Denk-Angewohnheiten« ins Bockshorn jagen! Gehen Sie den zweiten Schritt einfach mal, indem Sie Ihre Sätze so verwandelt hinschreiben, und erspüren Sie dann, wie sich jeder neue Satz anfühlt. Alle Gefühle sind dabei erlaubt, von Wut oder Trauer bis Staunen und Erleichterung!

Lesen Sie erst weiter, wenn Sie die Übung gemacht haben!

Ursache und Auslöser unterscheiden lernen

Manchmal können wir durch eine Beziehung sehr schmerzhafte Erfahrungen machen. Manche Streitereien tun uns sehr weh, und manche Situationen fahren uns wie ein Messer in die Brust. Unser inneres Kind ist dann total getroffen.

Wenn jemand einen unserer frühen Schmerz- oder Angstpunkte berührt, erscheint es uns unweigerlich so, als ob derjenige der Verursacher unseres aktuellen Gefühls ist. Da sind wir uns so sicher, dass wir über eine andere Möglichkeit nicht einmal einen einzigen Gedanken verschwenden möchten.

Wir sind von unseren Gefühlen völlig überrollt. Schmerz, Angst, Traurigkeit, Wut, Eifersucht, manchmal sogar blanker Hass kommen von einem Moment auf den anderen in uns hoch: Wir sind »voll im Film«.

Im Film unseres inneren Kindes. Es erinnert sich an die früheren, eigentlichen Verletzungen und reagiert emotional auf die alte, tiefe Wunde. Diese seelischen Verletzungen können in der Kindheit passiert sein oder auch erst in unserer jüngeren Vergangenheit. Unsere Reaktion ist dann im Vergleich zu dem aktuellen Anlass unangemessen intensiv oder erscheint uns manchmal hinterher selbst »irgendwie ein bisschen daneben«. Manchmal besteht der Film unseres inneren Kindes auch darin, auf ein »gewaltsames« Handeln von außen nur mit einer Lähmung oder mit Ducken reagieren zu können, anstatt sich zu wehren. Zuweilen erkennen wir im Gespräch mit Freunden, dass die auf die gleiche Auslösesituation ganz anders reagieren und teilweise völlig andere Interpretationen haben als wir.

Wir projizieren also alte, aufgestaute und unerlöste Empfindungen von früher auf eine neue, irgendwie ähnliche Situation. Hier bekämpfen oder erdulden wir dann unser aktuelles Gegenüber und sehen es als den vermeintlichen Schuldigen für unseren schlimmen inneren Zustand. Wir haben den Auslöser (aktueller Anlass) mit der Ursache unseres Schmerzes (alte Verletzung unseres inneren Kindes) verwechselt.

Bei der Unterscheidung zwischen Auslöser und Ursache stoßen wir wieder auf unsere Projektionen, die wie ein Film in uns ablaufen, sobald erst einmal der Auslösemechanismus betätigt worden ist. Unser Partner hat sozusagen den Startknopf gedrückt, und los geht unser ganz persönlicher Horrorfilm!

Der professionelle Filmkritiker

Unsere emotionalen Reaktionen sind nicht nur unbewusste Verhaltensmuster, sie beruhen auch auf einem System von kindlichen Missverständnissen und irrigen Vorstellungen, die auf den Mangel an Liebe und Unterstützung in unserer Kindheit zurückgeführt werden können. Es lässt sich mit einer Brille vergleichen, die als vorgeschobener Wahrnehmungsfilter bestimmt, wie wir die Welt sehen und empfinden.

Dies geht so weit, dass wir Äußerungen auf die für uns typische Weise missdeuten; aber auch, dass wir Gesagtes, das nicht in unseren Film passt, überhören und dafür Nicht-Gesagtes zu hören glauben.

Immer wenn wir emotional sehr unangenehm berührt sind, können wir davon ausgehen, dass in unserem Unterbewusstsein eine Rückkoppelung an eine alte Verletzung geschehen ist und wir die Wirklichkeit momentan nur durch diese »verschmutzte Brille« sehen können. Ist dieser »Cyberspace-Film« einmal angelaufen, ist es zunächst kaum möglich, ihn zu stoppen. Was wir allerdings mit einiger Übung tun können, ist, ihn als Film zu entlarven und den Wahrheitsgehalt unserer damit in Verbindung stehenden Einschätzungen in Zweifel zu ziehen. Die Brille führt dazu, dass wir plötzlich ein bestimmtes Verhalten unseres Gegenübers als gegen uns gerichtet empfinden, obwohl das vielleicht gar nicht so gemeint ist. Oder dass wir ein Verhalten unseres Gegenübers aushalten, obwohl es unsere Grenzen weit überschreitet. Wir sind im Film. Hier kommen Einschätzungen wie »*Ich hab's verdient*«, »*Ich bin unfähig*«, »*Niemand liebt mich*«, »*Beziehungen sind eine Falle*«, »*Männer sind ...* (siehe Schubladentechnik!)« oder »*Frauen sind ...*« oder Ähnliches in uns hoch. Und mit diesen inneren Sätzen und Gefühlen geht's uns dann so richtig schlecht.

Es ist nicht leicht, die eigenen Mechanismen zu erkennen.

In diesen Bereichen haben wir unglaublich große und unglaublich blinde Flecken und reagieren sehr empfindlich auf Hinweise von außen. Wir fühlen uns sofort angegriffen und werden schnell aggressiv, wenn uns jemand darauf anspricht. (*»Was du dir wieder einbildest! Ich habe doch nur ...!«*)

Dennoch ist es eine Gelegenheit mit großen Möglichkeiten. Werden wir uns unserer Filme bewusst, so haben wir die Chance, uns zu lösen und endlich frei von ihnen zu werden. Diese alten Filme liegen wie ein böser Zauberspruch im Märchen über der Prinzessin oder dem Prinzen. Als düstere Träume gaukeln sie uns eine traurige, feindselige oder gefährliche Welt vor, während in Wirklichkeit unser Partner einfach nur sein momentan Bestes versucht. Oder ein Selbstbild, das nach »gerechter Strafe« schreit, sich in Wirklichkeit aber befreien darf.

Hinter jedem dieser schlechten Träume, also unserer Filme, verbirgt sich eine tiefe Angst unseres verletzten Kindes, die wir nur dadurch erlösen können, dass wir uns von ganzem Herzen entscheiden, uns unserem inneren Kind zuzuwenden.

Dies können wir entweder nach einem akuten Anlass oder noch besser, wenn der Film gerade in Aktion ist. Wir können ihn genauer untersuchen und dabei ein bisschen zum Beobachter werden. Wir können z.B. feststellen, dass es mit bestimmten Empfindungen in unserem Körper verbunden ist, wenn er abläuft. Wir können uns innerlich gewissermaßen selbst zuhören bei dem, was wir denken oder sagen. Wir können uns ansehen, wie die Welt plötzlich ganz anders »aussieht« und wie unangenehm anders wir uns von einem Moment auf den anderen fühlen. – Und das alles mit Neugier und Wissensdrang, wie unser ganz individueller Film sich gerade darstellt. Wir untersuchen sozusagen den Film, der die Brille verschmutzt, mit der wir die Welt sehen. Jeder hat seinen eigenen Filter.

Da diese Mechanismen so automatisch und schnell ablaufen, wird der Versuch, sie zu aufzuspüren, zunächst nur mit einiger Verzögerung gelingen. Außerdem sind wir ja zunächst noch daran gewöhnt, sie für die Wahrheit zu halten. Ein deutlicher Hinweis, dass wir »im Film« sind, sind Verallgemeinerungen wie »nie«, »immer«, »keiner«, »alle« usw. in Verbindung mit einem sehr unangenehmen Gefühl. Haben wir das bemerkt, dürfen wir als Detektiv auf Spurensuche bereits stolz sein, denn jedes Mal kommen wir dem Aufwachen aus dem schlechten Traum ein bisschen näher.

Glauben wir unserem Film zu 100 Prozent, so sind wir der Hauptdarsteller in dem Drama – es gibt kein Entrinnen bis zum bitteren Ende. Beginnen wir so nach und nach, es für möglich zu halten, dass der momentane Zustand ein Film oder die Konsequenz aus einem Film ist, so kommen wir in die Lage, einen bestimmten Prozentsatz unserer Aufmerksamkeit auf die Beobachtung des Films zu lenken. Je öfter wir als Beobachter im Kino unseres eigenen Films sind, umso deutlicher erkennen wir, dass es noch eine andere »Wirklichkeit« gibt, als uns unser Film glauben machen will. Irgendwann, wenn uns die 150. Version unseres Films langsam zu blöd wird, können wir aufstehen und rausgehen.

Da es sich bei unserem Film um ein Missverständnis unseres inneren Kindes handelt *(»Keiner liebt mich«, »Ich hab's verdient, schlecht behandelt zu werden«* usw.), brauchen wir das Vertrauen dieses Kindes, damit es uns davon erzählt und sich zeigt. Sind wir wie eine strenge Mutter oder ein strenger Vater, so versteckt es sich vor uns aus Angst vor Strafe oder Verurteilung und blockiert völlig. Das Einzige, was also hilft, ist Mitgefühl mit sich selbst und viel Geduld.

Es braucht einigen Mut und Beharrlichkeit, sich dieser Aufgabe zu stellen, sie ist aber durchaus lösbar. Mit anderen Worten, wir selbst (und nur wir) können daran arbeiten, aus unserem düsteren Traum aufzuwachen, um die kindlichen, oft traurigen Missverständnisse endlich richtigzustellen. Das kann u.U. auch einmal bedeuten, eine gewaltsame oder schädliche Umgebung zu verlassen.

Die gute Nachricht dabei ist: Ab dem ersten Moment, in dem wir uns selbst auf diesen heilenden Weg begeben, haben wir einen Geschmack von Selbstliebe dabei in uns. »Der Weg ist das Ziel« heißt es so schön in einem alten Sprichwort. Wenn der Weg also mit dem Ziel identisch ist, so heißt das, dass der Weg das Ziel bereits beinhaltet. Wenn wir also zur Liebe möchten, so ist nur *der* Weg der richtige dorthin, der bei jedem Schritt Liebe, Verständnis, Geduld und Mitgefühl mit uns selbst bereits in sich trägt.

Es ist ein Prozess, der sowohl eine gewisse Disziplin als auch Geduld erfordert, die beide in fortwährender Übung wachsen können. Die wertfreie innere Haltung ist dabei von großer Bedeutung. Eine abwertende Haltung gegenüber uns selbst bzw. unseren Filmen erschwert unsere Erkenntnis, da die Abwertung einen unbewussten Verdrängungsvorgang einleitet. Diese Verdrängung will uns nämlich vor zu unangenehm erscheinenden Erkenntnissen schützen – ein hilfreicher Mechanismus, wenn wir gerade Schutz brauchen. Wenn wir allerdings dabei sind, unsere einengenden alten »Schutzmauern« zu erkennen und langsam auflösen zu wollen, so ist die Verdrängung ein Hindernis. Es ist also von großer, wohl tuender Hilfe, all den kleinen Regungen unseres eigenen Denkens und Fühlens einfach so wertfrei beobachtend zu folgen, wie wir etwa einem Fluss folgen würden. Dies können wir mit Neugier tun und ohne den Versuch, etwas daran zu verändern, ohne zu sagen: Diese Kurve des Flusses ist gut, diese ist schlecht, denn jede Biegung ist ein kleines Abenteuer und bringt uns näher zu uns selbst.

Sofortmaßnahmen am Unfallort – ein Erste-Hilfe-Kurs

Wenn es gerade so richtig wehtut und es uns einfach nur noch miserabel geht, dann ist der Moment da, auf den es ankommt. Unser inneres Kind braucht unsere sofortige Hilfe! Wir alle kennen diese Momente, wir sind in Panik, in heller Aufregung, wir beben vor Zorn, sind voll in unserem Schmerz, bis ins Mark hinein erschüttert oder beschämt oder nur noch im Schock. Ab da geht normalerweise alles nur noch vollautomatisch. Irgendein uralter Automatismus in uns versucht, unsere Gefühle »in den Griff« zu bekommen, möglichst nichts anmerken zu lassen und zu funktionieren. Wir beginnen zu kämpfen, nach innen und nach außen.

In unserer Gesellschaft gilt es als Stärke, »keine Schwächen zu haben oder zu zeigen«. In Wirklichkeit ist es gerade diese Geisteshaltung, die uns unsere Probleme mit vielen seelischen Dingen beschert hat. Nicht die Angst und der Schmerz sind das Problem, sie gehören nun mal zum Spektrum unserer menschlichen Empfindungen. Das wirkliche Problem ist, dass uns beigebracht wurde, unsere so genannten unangenehmen Gefühle für Schwächen zu halten und dagegen ankämpfen zu müssen. Wann immer wir gegen ein Gefühl in uns ankämpfen, sind wir nicht mehr eins mit uns, sondern haben uns gewissermaßen zweigeteilt (die Strategie der zwei Ichs). Ein Teil kämpft nun gegen den anderen. Eine solche Zweiteilung kostet enorm Kraft und schwächt uns somit wirklich. Mit anderen Worten: Nicht unser Schmerz schwächt uns, sondern der Kampf gegen ihn.

Sobald wir dieses allgemein bestehende Missverständnis durchschaut haben, wird uns klar, dass in Wirklichkeit *das* zu echter Stärke führt, was uns eins sein lässt mit uns selbst. Fühlen wir also ein akutes, intensives, unangenehmes Gefühl, so ist der Moment gekommen, in dem wir die Wahl haben: Sehen wir uns unseren Automatismus erst einmal genau an, mit dem wir uns gewohnheitsgemäß »zweiteilen«? Das ist ein wirklich guter Anfang. Oder sind wir bereits in der Lage, mit einer Erste-Hilfe-Maßnahme für unser verletztes, inneres Kind zu reagieren und damit eins mit uns zu werden?

Haben wir lange genug unseren Abwehrmechanismus beobachtet, so wird es immer leichter, im Moment der akuten Aufregung bei uns zu bleiben bzw. schnell wieder zu uns zu kommen. An diesem Punkt bewusster zu werden, verstärkt unsere Fähigkeit zur Intimität und Liebe enorm, denn diese Abwehrmechanismen verhindern Vertrauen und Offenheit. Zunächst einmal natürlich gegenüber uns selbst, in zweiter Linie dann aber auch gegenüber unserem/unserer Liebsten. Denn wir können einem anderen nur so nahe sein, wie wir uns selbst nah sein können. Wir können nur so ehrlich mit unserem Partner sein, wie wir es mit uns selbst sind. Und wir können nur so liebevoll und respektvoll mit ihm bzw. ihr umgehen wie mit uns selbst.

Sind wir im Film, dann reagieren wir nach innen und außen extrem und schlagen oft zurück, wobei wir dem anderen ganz schön zusetzen können. Sein eigener Film geht los.

Um aus diesen Automatismen herauszukommen, genügt es zunächst, sie von ganzem Herzen erkennen zu wollen und bereit zu sein, unsere dahinter verborgene Verletzlichkeit zu spüren. Die erste wirksame »Sofortmaßnahme am Unfallort« ist die, uns selbst zu erlauben, unser aktuelles Gefühl zu spüren. Dies können wir im Prinzip überall tun, indem wir kurz innehalten und uns selbst liebevoll wahrnehmen.

Wird es etwas »Größeres«, so lassen wir uns am besten in einer geschützten Atmosphäre darauf ein, allein oder, wenn es uns lieber ist, mit einem wirklich guten Freund, den wir über unser Vorhaben informiert haben. Das Vorhaben lautet:

Ich möchte die Gefühle meines inneren Kindes kennen lernen. (Wenn Sie wählen, jemanden bei sich zu haben, so darf derjenige nichts weiter tun, als da zu sein, evtl. zuzuhören und, falls Sie das wünschen, Sie in den Arm zu nehmen. Keine Rat-Schläge, keine Beschwichtigungen – nur Stille, Mitfühlen und Herzlichkeit sind hier gefragt!)

Wenn wir lernen, zu unseren so genannten Schwächen zu stehen und ihnen in unserem Leben einen besonderen Platz direkt neben unserem Herzen zu gewähren, so steht uns die Kraft, mit der wir sie früher innerlich bekämpft haben, nun zur Verfügung. Wir werden von Mal zu Mal stärker. Ja, es laufen vielleicht mehr Tränen, oder wir schreien manchmal vor Wut. Wir liegen vielleicht einmal ein paar Stunden mit flauem Bauch im Bett und fühlen uns wie ein kleines, ängstliches, ungeliebtes Kind. Wenn wir dies aus Mitgefühl mit uns selbst erlauben, so werden wir jedes Mal mehr eins mit uns.

Eine chinesische Weisheit sagt: »Der Mensch tritt ins Leben weich und schwach; er stirbt hart und stark. Alle Wesen treten ins Leben weich und zart; sie sterben trocken und dürr. Darum: Das Harte und Starke ist Begleiter des Todes, das Weiche und Schwache ist Begleiter des Lebens.« (Tao Tê King)

Diese innere Umdeutung der eigenen Schwächen als etwas Natürliches und Lebendiges, das durchaus seinen Platz und seine Berechtigung im Leben eines jeden von uns hat, kann uns dabei helfen, uns ihnen sanft und zugleich mit Respekt zu nähern. Es reicht nicht aus, die eigenen Verhaltensmuster intellektuell zu verstehen. Erst durch das Erfühlen können wir die Mauern abtragen und wieder Sonne in unser Herz lassen.

Claudia

Claudia beschreibt diesen Prozess so: »*Ich habe von klein auf gelernt, mich zusammenzureißen. Es war zu Hause kein Platz für Gefühle. Auch meine Eltern rissen sich diesbezüglich zusammen, es war also üblich, Gefühle hinunterzuschlucken und nicht zu zeigen. So hatte ich immer schon den Eindruck, dass an starken Gefühlen etwas faul sei. Ich war ein Meister im Verdrängen und Hinunterschlucken geworden. Bis ich Ende zwanzig war, hatte ich so lange weder geweint noch einen Wutanfall bekommen, bis ich dachte, so etwas habe ich gar nicht in mir. Alle dachten, ich sei einfach cool und gut drauf und hätte alles im Griff. Innerlich fühlte ich mich allerdings immer öfter total einsam und getrennt. In meiner Beziehung kämpfte ich für Offenheit, während ich selbst, wenn ich ehrlich bin, auch nicht offen war.*

Als mir endlich bewusst wurde, dass ich einfach mein Leben lang schon die coole Nummer spielte, obwohl ich in Wirklichkeit empfindsam und gefühlvoll bin, veränderten sich ganz langsam die Dinge. Ich wollte an meine Gefühle herankommen und weicher werden. Als Erstes bemerkte ich diesen Automatismus, der immer sofort einsetzte, wenn mich etwas berührte. Es war wie ein Reflex, ein Zucken – und schon war das Gefühl wieder weg. Es ging so schnell, dass ich keinerlei Einfluss nehmen konnte. Aber immerhin: Ich hatte bemerkt, dass da etwas war!

Irgendwann war es so weit, und ich spürte, dass ich erstmalig die Wahl hatte. Die Wahl zwischen dem Automatismus und meinen Gefühlen. Anfangs traute ich mich noch nicht, mich auf das Gefühl einzulassen, denn es schien mir wie ein tiefer Abgrund. Also schlug ich noch mehrmals den Weg in den Automatismus ein, diesmal allerdings absichtlich. Dann ließ ich mich immer ein paar Sekunden länger, ganz vorsichtig, auf mein Gefühl ein. Es war irgendwie seltsam, als ich mit dreißig das erste Mal seit Ewigkeiten wieder spürte, wie für Sekunden Tränen in meine Augen stiegen. Ich war richtig stolz auf mich und übte weiter. Nach einigen Monaten gelang es mir, sozusagen kontrolliert zu weinen. Noch kein Schluchzen, aber immerhin liefen echte Tränen über meine Wangen. Ich fühlte mich dabei einerseits traurig – denn das gehörte zu diesem Moment – und andererseits wunderbar weich und liebevoll mit mir. So komisch es vielleicht klingt: Es war traurig und schön zugleich!«

Der innere Richter

Wer uns in Bezug auf unser Selbstwertgefühl immer wieder in die Quere kommt, ist der innere Richter. Im Zusammenhang mit dem inneren Kind nennen ihn manche auch den inneren, lieblosen Erwachsenen. Jeder von uns kennt ihn: Es ist die innere Stimme, die uns immer wieder gemeine Dinge über uns selbst erzählt, in guten wie in schwachen Momenten.

Wenn wir gerade einen neuen, konstruktiven Schritt gehen wollen, sagt er z.B.: »Das schaffst du eh nie, brauchst es gar nicht zu versuchen!« oder »Es hat doch alles keinen Sinn, mach dir doch nichts vor!« Wenn wir gerade ohne Partner sind, sagt er kalt: »Du findest nie jemanden, der dich liebt, wer soll dich schon lieben?!« Wenn uns etwas schief gegangen ist, sagt er verächtlich: »Das war ja wieder mal typisch für dich, du machst eben alles verkehrt – so was darf einfach nicht passieren!«

Der innere Richter vermiest uns schöne Momente, indem er uns droht: »Dir geht's doch schon wieder viel zu gut, warte nur ab, Übermut tut selten gut!« oder: »Du wirst doch nicht glauben, dass es so schön bleibt? Das bildest du dir doch sowieso nur ein!« Er nützt schlechte Momente aus, indem er uns vorgaukelt: »Da hast du's wieder! Das ist nun mal die Wahrheit, ich hab's dir ja gleich gesagt. Und so mies bleibt es jetzt den Rest deines Lebens!« Der innere Richter gibt uns, wenn wir eh schon schlecht drauf sind, noch zusätzlich »eins auf die Mütze«, indem er uns genau aufzählt, wann und wodurch wir uns immer schon danebenbenommen haben, und uns beweist, dass wir der geborene Verlierer sind. Die Dinge, die wir gut gemacht haben, lässt er entweder komplett unter den Tisch fallen und ignoriert sie, oder er tut so, als seien sie so mickrig, dass sie nicht der Rede wert seien.

Er ist verantwortlich für das Gefühl der Eifersucht, indem er gezielt unsere Schwachpunkte mit den Stärken der »Konkurrenz« vergleicht und uns gleichzeitig glaubhaft vorgaukelt, wir hätten in Wirklichkeit gar keine Stärken – während die »Konkurrenz« natürlich keine Schwächen habe. Er malt uns aus, was unser Partner alles hinter unserem Rücken treiben könnte, und stichelt: »Merkst du das nicht? Er/sie betrügt dich doch!« Er macht uns so lange nieder, bis wir diesen Humbug auch noch glauben.

Wenn wir einen Raum betreten und die Gespräche verstummen, dann sagt er zu uns: »Sie haben schlecht über dich geredet, alle reden hinter deinem Rücken schlecht, weißt du das nicht?« Wenn in unserer Nähe jemand lacht, dann wispert der innere Richter in unser Ohr: »Sie lachen über dich, kein Wunder – so wie du aussiehst!« Oder wenn wir uns an einem Gespräch beteiligen wollen, weil uns spontan etwas dazu einfällt, sagt er: »Halt lieber den Mund, wer interessiert sich schon für deinen Blödsinn, du blamierst dich ja doch nur!«

Und wenn unser Liebster oder unsere Liebste versehentlich irgendetwas tut oder sagt, was mit einer früheren schmerzhaften Erfahrung entfernte Ähnlichkeit hat, so kreischt uns der innere Richter hysterisch ins Ohr: »Da hast du's! Ich hab's dir doch gleich gesagt, Liebe ist nur Heuchelei!«

Mit einem Wort: Er ist der beste Feind und Intrigant, den

man sich nur wünschen kann, denn er kennt jede unserer Schwächen und nutzt sie gnadenlos und eiskalt aus. Er ist so ungefähr das Übelste, was man sich vorstellen kann, denn er ist für jeden von uns maßgeschneidert. Jeder hat seinen eigenen, ganz individuell »passenden« inneren Richter.

Niemals würden wir zu jemand anders so etwas sagen – zu uns selbst aber sagen wir es. Und wir halten das offenbar für so normal, dass wir es jahrelang nicht einmal bemerken. Eigentlich unglaublich. Denn wenn so etwas jemand anders zu uns sagen würde, dann würden wir hochgehen wie eine Rakete.

Die Beispiele ließen sich endlos fortsetzen, bestimmt haben Sie auch noch ein paar gute parat. Wenn es nicht so schlimm wäre, könnte man darüber lachen. Aber es ist schlimm. Der innere Richter meint es nicht gut mit uns, auch wenn er manchmal so tut, als würde er uns warnen – er ist der absolute Schwarzmaler und Energieräuber. Er untergräbt unser Vertrauen und schürt die Angst. Er ist der Gegenspieler der Liebe.

Wenn der innere Richter gerade so richtig in Schwung ist, dann werden wir »so klein mit Hut«, wie man so schön sagt. Unser inneres Kind leidet die schlimmsten Qualen. Es bekommt Magenschmerzen, einen Kloß im Hals, Herzrasen, Schweißausbrüche oder Zittern, Rückenbeschwerden, Depressionen, Angstzustände oder Wutanfälle, Mühlsteine auf der Brust, Atembeschwerden, es fängt an zu stottern oder kriegt überhaupt keinen Ton mehr heraus, fühlt sich unsicher und wie nackt, beschämt, schuldig oder geschockt – mit einem Wort: miserabel.

Vorsicht – Virus!

Wie kommt es zu so einer zerstörerischen inneren Stimme? Der innere Richter beginnt in unserer Kindheit zu wachsen. Er ist gewissermaßen ein missratener Abkömmling, eine Karikatur unserer Erziehungsberechtigten, also in erster Linie der Eltern, aber auch anderer Personen, die Einfluss auf uns hatten wie z.B. Omas und Opas, Lehrer, Pfarrer usw. Das Verrückteste an ihm ist: Wir haben ihn selbst gemacht!

Wir haben ihn gemacht mit dem Auftrag, uns rechtzeitig zu warnen, bevor es Ärger geben könnte. Daher haben wir, sozusagen unter der Datei »Innerer Richter«, alle Verhaltensregeln für den »idealen Menschen«, die uns jemals erzählt wurden, gespeichert. Wir haben diese Datei damals angelegt, um ein gut wirksames Frühwarnsystem zu haben, das uns hilft, so zu sein, wie uns die Erwachsenen haben wollen. Dieses Frühwarnsystem sollte uns durch einen inneren Impuls rechtzeitig Bescheid geben, damit wir eine Strafe, Schläge oder andere beschämende Situationen vermeiden konnten.

Da wir als Kind oft das Gefühl hatten, dass wir irgendwie nicht richtig sind, so wie wir sind, sind in diese Datei auch alle Fehler gelangt, auf die wir aufmerksam gemacht wurden, und – mangels kindlicher Unterscheidungsfähigkeit – auch alle Gemeinheiten, die irgendwer irgendwann zu uns gesagt hat. Unter den Gemeinheiten war ein Virus versteckt. Im Laufe der Jahre hat sich die Datei »Innerer Richter« selbstständig gemacht und wie ein intelligenter Roboter selbstständig Verbindungen zwischen all den Informationen hergestellt. Es existieren daher Vergleichsanalysen, wie man als guter Mensch sein müsste und wie wir selbst sind – mit verheerenden Abweichungen natürlich. Diese Analysen beruhen übrigens keineswegs auf der Realität, sondern haben sich aufgrund der Anzahl unserer positiven bzw. negativen Eingaben in die Datei ergeben.

Mit anderen Worten: Wenn wir in einer sehr respektvollen und liebevollen Umgebung aufgewachsen sind (wie die allerwenigsten von uns), dann haben wir als Kind in unsere Datei viele positive Eingaben über uns selbst machen können. Haben wir durch eine verständnislose, selbst überforderte, vielleicht sogar gewaltsame Umgebung »die Welt« kennen gelernt, dann haben sich in unserer Datei wesentlich mehr negative Äußerungen über uns selbst und respektlose Verhaltensweisen uns gegenüber angesammelt.

Die Intensität des inneren Richters wurde also durch unser Umfeld geprägt. Da wir als Kinder immer alles persönlich nehmen, glaubten wir, dass wir es verdient hatten, wenn wir schlecht behandelt wurden. Wir folgern als Kind: Wenn wir grob und gemein behandelt werden, dann deswegen, weil wir schlecht und falsch sind. Unser Selbstwertgefühl wurde daher durch eine lieblose Umgebung von Jahr zu Jahr schlechter.

In Wirklichkeit hat unser Selbstwert natürlich absolut nichts mit dem schlechten Benehmen unserer Umgebung zu tun. So gesehen, weiß das jeder. Warum sollten *wir* böse sein, wenn sich *andere* gemein, gestresst und ungerecht verhalten? Wenn überhaupt jemand böse ist, dann sind es natürlich die, die sich schlecht benommen haben. Wir wissen das. Unser inneres Kind weiß es aber nicht. Es glaubt noch immer dem inneren Richter, wenn er sich meldet. Und es fühlt sich noch immer beschämt und im Selbstwert schwer getroffen, wenn es heute von irgendjemandem respektlos und lieblos behandelt wird.

Der innere Richter ist ein wesentlicher Teil unseres Films. Er ist sozusagen der Antreiber der Dramen, die in uns und mit unserem Partner entstehen.

Wie sehr der innere Richter unsere Beziehung sabotieren kann, sehen wir in folgendem Beispiel:

Petra und Bernd

Petra ist 26 und Verkäuferin in einem Schuhgeschäft. Sie ist redegewandt und aufgeschlossen. Seit einem Jahr ist sie mit Bernd zusammen. Bernd ist eher der sachliche, zurückhaltende Typ. Er arbeitet als Verwaltungsangestellter in einer städtischen Behörde.

Es ist Freitag, und beide haben sich auf einen gemütlichen Fernsehabend gefreut: Es kommt ein ehemaliger Kinofilm, den sie schon lange sehen wollten. Der Beziehungshimmel ist wolkenlos.

Petra steht in der Küche und bereitet mit Liebe und sauren Gürkchen ein paar belegte Brote vor, die sie dann gemeinsam beim Fernsehen essen können. Sie weiß, dass Bernd um die Ecke herum in Hörweite im Wohnzimmer sitzt und am Videorecorder herumspielt, denn sie wollen den Film für Freunde aufzeichnen. Sie fragt beiläufig: »Bernd, ist eigentlich noch Bier im Keller?« Keine Antwort. Sie hört das Geräusch des Videorecorders beim Zurückspulen einer Kassette. Bernd drückt am Gerät herum, es knackt und surrt. Petra nimmt an, dass sie zu leise gesprochen hat, und erhebt ihre Stimme deutlich. Sie ruft ins Wohnzimmer: »Ist noch Bier im Keller, Bernd?« Keine Antwort. Petra wird langsam ungeduldig. Sie schreit leicht angenervt: »Hee!! Vielleicht hörst du mir mal zu?!« Als wieder keine Antwort kommt, sie jedoch weiterhin an den Geräuschen aus dem Wohnzimmer hören kann, dass Bernd nah genug ist, um sie zu verstehen, reicht's ihr.

Ihr innerer Richter hetzt sie auf: »Dem ist doch völlig egal, was du sagst. Er denkt sich bestimmt: Lass sie nur reden, die Ziege! So ein arroganter Mistkerl!« Petras Zorn brennt lichterloh. So ein gemeines Verhalten lässt sie sich nicht mehr länger bieten. Ihr innerer Richter intrigiert weiter: »Weißt du noch, damals, als er dich eine Stunde lang warten ließ und danach behauptete, er hätte die Zeit verwechselt? Das war doch schon das Gleiche. Du bist ihm einfach gleichgültig, eine schöne Unterhaltung für langweilige

Abende, nichts Wichtiges!« Petra fallen plötzlich etliche Begebenheiten ein, bei denen sie sich auch schon über Bernd geärgert, ihm aber großmütig verziehen hatte. Jetzt reicht's ihr, genug ist genug! Sie wird ihn aus ihrer Wohnung werfen und diese einseitige Liebesbeziehung beenden.

Sie lässt die Käsebrote Käsebrote sein und stürmt kampfbereit um die Ecke ins Wohnzimmer. »Weißt du, was du mich jetzt mal kannst...?« Als sie ihn sieht, hält sie jäh inne. Bernd sitzt mit dem Rücken zu ihr auf dem Fußboden vor dem Fernseher und hat den Kopfhörer auf. Er konnte sie ganz offensichtlich während der letzten Minuten nicht hören. Als hätte er ihre Anwesenheit gespürt, dreht er sich mit einem liebevollen Blick um und sagt mit typisch überlauter Stimme unter dem Kopfhörer hervor: »Na, mein Schatz? Bist du auch so weit? Von mir aus kann's losgehn!«

Die Szene spricht für sich selbst. Wie gut, dass Bernd in diesem Fall nichts von dem Film seiner Liebsten mitbekommen hat. Oft geht es auch anders aus. Hier noch ein ganz anderes Beispiel, an dem wir sehen, wie unser innerer Richter uns auch behindern kann, uns zu befreien:

Margit und Wolfgang

Margit und Wolfgang sind seit siebzehn Jahren zusammen. Sie arbeitet in einem Friseursalon und er bei einem Autohändler. Normalerweise klappt ihr Zusammenleben ganz gut. Wolfgang hat allerdings Probleme mit Alkohol, oder man könnte auch sagen: Probleme ohne Alkohol. Wenn er getrunken hat, passiert es leicht, dass er aus nichtigem Anlass (Film!) unglaublich wütend wird und seine Wut an Margit auslässt. Er hat sie auch schon manchmal geschlagen. Am nächsten Tag ist ihm der ganze Vorfall peinlich, und er hat Schuldgefühle. Teilweise so starke, dass er sie wieder mit Alkohol hinunterzuspülen versucht. Seine Versprechungen, dass es nicht mehr vorkäme, hält er nicht.

Margit liebt und fürchtet ihn gleichermaßen, manchmal hasst sie ihn sogar. Sie wurde schon als Kind geschlagen, ihr Vater hatte auch Alkoholprobleme. Ihr inneres Kind glaubt daher, dass es irgendetwas mit ihr zu tun haben müsse, wenn sie immer wieder geschlagen werde. Andere werden offenbar nicht geschlagen. Sie fühlt sich daher oft bedrückt und schuldig, weiß aber nicht genau, weswegen eigentlich. Ihr innerer Richter sagt ihr, dass es ihr peinlich sein sollte, sich verprügeln zu lassen, und dass jeder, dem sie davon berichten, sich von ihr abwenden würde – denn es sei alles ihre Schuld. So behält Margit ihr grausames Geheimnis bei sich. Wenn sie ein blaues Auge hat, erfindet sie Ausreden wie »hingefallen« oder Ähnliches. Zweimal hat sie schon versucht, Wolfgang zu verlassen, aber jedes Mal hat ihr innerer Richter ihr so eine Angst vor der Einsamkeit eingejagt, dass sie nach ein paar Tagen bei ihren Eltern wieder zu Wolfgang zurückgekehrt ist. Ihr innerer Richter sagt dann zu ihr: »Was erwartest du? So ist das Leben nun mal. Du glaubst doch nicht, dass du noch mal einen Besseren kennen lernen wirst? Ausgerechnet du? Wenn du jetzt gehst, sitzt du den Rest deines mickrigen Lebens alleine in irgendeiner armseligen Wohnung! Willst du das wirklich?« – Nein, das will Margit nicht. Also bleibt sie.

Irgendwann liest sie etwas vom inneren Kind und beginnt, an ihrem selbstzerstörerischen inneren Film zu arbeiten. Margit erlaubt sich nach und nach, die demütigende Wirkung von Wolfgangs Verhalten auf ihr Gefühlsleben wahrzunehmen. Für einige Zeit spürt sie immer wieder, wie viel Traurigkeit und Schamgefühl in ihr ist, und lernt, sich selbst mit viel Geduld und Verständnis zu trösten und zu ermutigen. Es gelingt ihr nicht immer, aber immer wieder. Irgendwann bekommt sie eine riesige Wut auf alles und jeden, der sie je unterdrückt und schlecht behandelt hat. Als sie sich auch dieses Gefühl erlaubt (ohne sich oder anderen Schaden zuzufügen), erkennt sie, dass sie Wut auf sich selbst hat, weil sie als Erwachsene *all diese Dinge hatte geschehen lassen und in der entwürdigenden Situation geblieben ist. Margit beginnt sich zu wehren, mit Worten und mit Taten. Sie erklärt Wolfgang am Tag »danach« in Ruhe, was in ihr abläuft, wenn er sie schlägt oder anschreit. Und sie erklärt ihm, was möglicherweise bei ihm selbst der Grund für sein Verhalten ist. Sie versteht durchaus die Wut seines inneren Kindes, die durch sie allerdings nur ausgelöst, jedoch nicht begründet ist, und rät ihm, eine Therapie zu machen. Margit informiert ihn darüber, dass sie nicht mehr gewillt ist, seine Grenzüberschreitungen zu tolerieren, da sie es ihrem inneren Kind versprochen hat. Als Wolfgang nach einiger Zeit wieder einen »Ausrutscher« erlebt, den er an Margit auslässt, verlässt sie ihn und stellt sich ihrer Angst vor dem Alleinsein. Sie hält damit das Versprechen, das sie ihrem inneren Kind gegeben hat. Nach einiger Zeit findet sie durch Kurse in der Volkshochschule und Seminare neue Freunde und Freundinnen. Margit fühlt sich wie neu geboren.*

Wolfgang ist, nachdem ihn Margit verlassen hat, zunächst in eine schlimme Krise geraten, die dazu geführt hat, dass er eine Therapie begonnen hat. Er fängt langsam an zu verstehen, dass er sich mithilfe des Alkohols davor »gedrückt« hat, die Unzufriedenheit in seinem Leben wahrnehmen zu müssen. Als er sie spürt, wird ihm klar, dass er einiges in seinem Leben ändern muss, um glücklich zu sein, angefangen bei seinem Beruf. Er beginnt eine Umschulungsmaßnahme und fühlt sich selbstbewusster und stärker als früher.

Unser innerer Richter kann uns also sowohl dabei behindern, zu unserer Selbstachtung zu stehen und eine destruktive Situation zu verlassen (wie bei Margit), als auch aufhetzen gegen einen im Grunde unschuldigen »Gegner« und so die Liebe zerstören (wie bei Petra). Je schneller wir den inneren Richter als Intriganten oder Behinderer entlarven, wenn er am Werk ist, umso besser. Da wir ihn selbst gebastelt haben, dürfen wir ihn auch selbst wieder vom Thron stoßen. Je früher, desto besser.

Persönliche Vertiefungsübung »Virenscanner«

Machen Sie nun eine Bestandsaufnahme Ihrer Datei »innerer Richter«. Schreiben Sie zunächst alle Eingaben, also Vorstellungen auf, wie Sie *eigentlich* sein sollten, um »richtig« zu sein.

Als Nächstes notieren Sie sich, was an Ihnen alles möglicherweise »falsch« ist. Seien Sie dabei nicht kleinlich – der innere Richter ist es auch nicht. Wenn Ihnen an Schwächen nichts mehr einfällt, überlegen Sie sich, was andere schon mal an Ihnen kritisiert haben oder was jemand, der Sie nicht leiden kann, über Sie sagen würde.

Als Letztes schreiben Sie sich noch die gemeinsten und häufigsten Lieblingssätze Ihres inneren Richters auf, z.B. »Du bist ein Versager!«, »Alle lachen heimlich über dich!«, »Dich mag doch eh keiner!« und ähnliche Nettigkeiten.

Lesen Sie erst weiter, wenn Sie damit gründlich fertig sind.

Die Selbstliebe nähren

Für diesen kleinen Teufel in unserem Ohr brauchen wir ein gesundes Gegengewicht, eine Art inneren Schutzengel. Im Zusammenhang mit dem inneren Kind wird dieser Teil oft als innerer, liebevoller Erwachsener bezeichnet. Wie den inneren Richter, so hat auch jeder von uns diesen liebevollen inneren Teil in sich – meist ist er jedoch zuerst noch etwas unterentwickelt. Es scheint nun mal Mode zu sein, sich selbst »in die Pfanne zu hauen«, selbstkritisch und »bescheiden« zu sein – aber sich selbst zu loben, zu belohnen oder zu trösten weniger. Kein Wunder, dass wir sosehr die Liebe und Wärme vermissen und das Leben ein Kampf zu sein scheint.

Wer kann schon von sich sagen, dass er sich selbst bedingungslos liebt? Von wegen: Liebe deinen Nächsten wie dich selbst. Wir versuchen, den Nächsten »besser« zu lieben als uns selbst, damit er uns »besser« liebt als wir uns. Aber so scheint es nicht zu gehen.

Das Gebot der Nächstenliebe erfüllen wir somit alle auf eine relativ unerfreuliche Weise: Wir lieben nämlich unseren Nächsten genauso eingeschränkt, wie wir uns selbst lieben. Und er liebt uns nur genauso gut, oder besser gesagt genauso schlecht, wie er sich selbst liebt. Wir können nämlich gar nicht anders. So, wie früher mit uns umgegangen wurde, gehen wir inzwischen mit uns selbst um bzw. lassen wir weiterhin mit uns umgehen. Und so, wie wir mit uns selbst umgehen, gehen wir unbewusst auch mit anderen um, ob wir wollen oder nicht.

Reife, bedingungslose Liebe ist Ausdruck innerer Fürsorge und Achtung, Zeichen von Verantwortungsgefühl und Erkenntnis. Selbstliebe ist die notwendige gesunde Basis für eine gesunde Beziehung. Selbstliebe ist keineswegs zu verwechseln mit Selbstsucht oder Egozentrik, wie es uns die heutige gesellschaftliche Moral oft glauben machen will. Im Gegenteil, es sind sogar gegensätzliche Dinge.

Da das Leben offenbar ein Spiel der Freiheit ist, gelingen nur Spielzüge, die uns zu größerer innerer Freiheit verhelfen. Bei allen anderen Zügen ziehen wir irgendwann die Karte: »3 x aussetzen«.

Sich selbst zu lieben heißt nicht, seine sozialen Kontakte einzustellen, zum Einzelkämpfer zu werden oder sich zu einem »Ego-Schwein« zu entwickeln. Es heißt auch nicht, dass wir immer den Wünschen unseres inneren Kindes nachgeben müssen, denn die Freiheit des Einzelnen geht nur so weit, wie sie die Freiheit des Nächsten nicht verletzt. Dass also Grenzen liebevoll, aber bestimmt gesetzt werden müssen, gehört zu einer verantwortungsvollen, elterlichen Fürsorge – egal, ob es um leibliche oder innere Kinder geht. Daher werden wir es unserem inneren Kind nicht gestatten, sich selbst oder anderen Schaden zuzufügen. Vor jemandem, der uns Schaden zufügt, nehmen wir uns in Acht und beschützen unser inneres Kind. So lernen wir, mit uns selbst und mit anderen immer respektvoller und liebevoller umzugehen.

Erst durch die Selbstliebe können wir uns im Kontakt mit anderen genährt und verbunden fühlen. Denn nur, wenn wir uns selbst einen Wert beimessen, sind wir in der Lage, Liebe von anderen wahrzunehmen und wirklich anzunehmen. Andernfalls halten wir die Situation für ein Versehen, die nicht uns gelten kann, oder nehmen den liebevollen Anderen nicht für ganz voll, dessen Zuneigung nichts wert scheint. Unser innerer Richter flüstert uns dann ins Ohr: »Entweder es ist Heuchelei oder es ist ein Idiot, wenn er bzw. sie noch nicht gemerkt hat, wie daneben du bist. Wird schon noch auffliegen! Dich kann man nun mal nicht lieben!« Wir »testen« ihn oder sie dann und lassen unser Gegenüber so lange spüren, dass wir ihn oder sie nicht so ganz ernst nehmen, bis wir die Liebe kaputtgemacht haben. Dann sagt unser innerer Richter triumphierend: »Siehst du, hab' ich dir doch gleich gesagt, dass dich keiner lieben kann! Wunderst du dich darüber auch noch?« – Hat er das nicht wieder geschickt eingefädelt?

Wenn wir uns selbst Liebe und Verständnis entgegenbringen, geht es uns unmittelbar besser. Und es hat den beziehungsförderlichen Nebeneffekt, dass wir unseren Partner weder unter Druck setzen noch sonst auf irgendeine subtile Weise für unsere ungestillten Sehnsüchte benutzen oder manipulieren. Wir sind nun in der Lage, unserem Partner so viel Respekt entgegenzubringen, dass er so bleiben darf, wie er ist. Mitsamt den Fehlern und kleinen »Macken«, die wir alle haben. Falls er uns allerdings schadet, müssen wir die Konsequenzen ziehen und gehen.

Ohne Selbstliebe geht in einer Beziehung gar nichts – oder zumindest nicht lange. Der nächste Winter kommt bestimmt. Das wissen wir im Grunde alle.

Die Quelle in unserem Herzen finden

Nicht »Geliebtwerden« ist der Zustand, der uns so selig macht, sondern lieben zu können. Was nützt es uns, wenn uns irgendjemand, der uns nicht berührt, heiß und innig liebt? Macht uns das glücklich? – Nein. Wie glücklich es uns aber machen kann, wenn wir selbst verliebt sind, haben wir alle schon einmal erlebt. In den Momenten, in denen wir unsere Liebe spüren, fühlen wir uns stark und weich zugleich. Wir sind voller Vertrauen, Zärtlichkeit und unendlich wirkender Kraft. Viele beschreiben es als einen warmen, starken Energiestrom von ihrem Herzen zu dem hin, dem unsere Liebe gilt. Durch unsere Liebe sind wir mit uns selbst und der ganzen Welt ausgesöhnt und in Verbindung.

Jeder, der schon einmal einen Frühling in einer Beziehung erlebt hat, kennt diese Momente. Andere kennen dieses Gefühl als Mütterlichkeit im Zusammenhang mit einem Baby oder einem kleinen Kind. Manche haben diesen Zustand aber auch schon allein in der Natur erfahren dürfen oder während einer Meditation.

Was auch immer der Auslöser für unsere Liebe ist – es ist *unsere* Liebe, die wir da wahrnehmen. Was für den Schmerz und die Angst gilt, gilt auch für die Liebe: Im Außen liegt immer nur der Auslöser, die Ursache jedoch liegt immer in uns! Der andere erinnert uns an unsere Liebesfähigkeit. Wenn er oder sie uns verlässt, bleibt unsere Liebe weiterhin bei uns, denn da war sie immer.

Und genauso, wie wir durch niederdrückende Gedanken

uns selbst in einen traurigen Zustand bringen können, vermögen wir uns auch durch liebevolle und positive Gedanken und Erinnerungen in einen kraftvollen, optimistischen Zustand zu versetzen. Genau genommen, haben wir jeden Moment die Wahl.

Rezept, um sich selbst den Rest zu geben

Man nehme einen großen Topf und setze ihn auf eine heiße Flamme. Als Erstes gieße man möglichst viele Erinnerungen hinein, in denen uns etwas missglückt ist, gefolgt von Situationen, in denen wir etwas vor dem erfolgreichen Ende abgebrochen haben oder von jemandem getadelt wurden. Eine Prise Salz, etwas Pfeffer und etwa drei Esslöffel Chilipulver hinzufügen, aufkochen lassen. Man gebe nun sämtliche schlechten Eigenschaften und persönlichen Schwächen, die der innere Richter über uns ausfindig machen konnte, hinzu. Zehn Minuten gut durchköcheln lassen. Nun füge man Äußerungen und Verhaltensweisen von Menschen hinzu, die gerade schlecht auf uns zu sprechen waren. Gut umrühren. Als Nächstes all die erfolgreichen und schönen Momente schön klein hacken, durch den Fleischwolf drehen und zu »Alles-nur-Einbildung-und-keinen-Pfifferling-wert-Bällchen« formen, dann hinzufügen! Nun eine Momentaufnahme seiner selbst von einem Tag, an dem man krank oder außergewöhnlich hässlich war, hineinrühren. Während des Rührens sich darauf konzentrieren, dass wir immer so aussehen. Zum Abschluss kann der besondere Genießer noch Vergleiche mit anderen Personen, bei denen er extrem schlecht abschneidet, hineingeben (ja keine positiven Ergebnisse!). Und fertig ist das Süppchen, auf das man garantiert Selbstwertzweifel, Panikattacken, Liebeskummer, Eifersuchtsanfälle, Depressionen, Hoffnungslosigkeit oder zumindest einige andere hässliche Symptome entwickeln dürfte. Heiß serviert schmeckt es am besten!

Bei wem es beim ersten Mal nicht gleich die erwünschte Wirkung zeigt, der nehme es eine Weile lang 3 x täglich zu sich. Es entfaltet dann garantiert die erhoffte Wirkung!

Rezept, um in unsere Kraft zu kommen

Setzen Sie einen großen Topf mit Erinnerungen an schöne Momente auf kleine Flamme. Geben Sie möglichst viele Erinnerungen hinzu, in denen Ihnen etwas gut gelungen ist, gefolgt von Momenten, in denen Sie etwas erfolgreich zu Ende geführt haben und gelobt oder sogar bewundert wurden. Dazu kommen Erinnerungen an die Menschen, die Sie mögen und die Ihnen nah sind. Eine Prise Salz, etwas Pfeffer und frischer Schnittlauch, kurz aufkochen lassen. Nun gebe man sämtliche positiven Eigenschaften und echten Stärken hinzu, gut gemischt mit Äußerungen und Verhaltensweisen von Menschen, die gut auf uns zu sprechen waren bzw. sind und etwas an uns schätzen. Gut umrühren. Als Nächstes all die Gefühle, die aufgrund unseres inneren Richters auftraten, gut durchhäckseln, durch den Fleischwolf drehen und zu »Alles-nur-mein-Film-Bällchen« formen. Aus unseren persönlichen Schwächen, klein gehackt und mit einem Ei verquirlt, »Ich-bin-auch-nur-ein-Mensch-Bällchen« formen. Alle Klößchen vorsichtig in die Suppe geben und sanft umrühren. Nun ein Foto von sich hinzufügen, das an einem Tag aufgenommen wurde, an dem wir glücklich, frei und ganz wir selbst waren. Flamme etwas herunterdrehen und einen Moment hinzufügen, in dem wir uns voller Selbstvertrauen fühlten und das Leben mit allen Aufs und Abs positiv sahen. Zum Abschluss kann der besondere Genießer noch berührende Erlebnisse in der Natur und Erinnerungen an positive Erkenntnisse über sich selbst und unser Leben darüber streuen. Heiß servieren!

Wem diese Suppe nicht beim ersten Mal gelingt, der möge etwas üben. Binnen kürzester Zeit wird sie ihre Wirkung zeigen, die bei einer Einnahme 3 x täglich auch langfristig anhalten kann.

Persönliche Vertiefungsübung »Selbstheilung«

Vielleicht haben Sie beim Lesen der Kochrezepte gemerkt, welches der beiden Süppchen Sie sich öfter kochen und welches Sie in Ihr Repertoire aufnehmen und verfeinern möchten. Wir können lernen, der Chefkoch in unserer eigenen Stimmungsküche zu werden. Um die Fähigkeit zu entwickeln, dem inneren Richter einen ebenbürtigen Ausgleich in unserem Herzen zu verschaffen, können Sie nun folgende Übung machen:

1. Notieren Sie zunächst Ihre Stärken und Fähigkeiten. Seien Sie dabei nicht knickerig, es zählen auch »Kleinigkeiten« wie z.B.: pünktlich sein, zuverlässig sein, gut zuhören können, geduldig sein, ein gutes Durchhaltevermögen haben, nachgeben können usw. Wer Probleme mit seinem Selbstwertgefühl hat, hat in der Regel zunächst auch Probleme, an sich selbst Stärken zu sehen und anzuerkennen. Bleiben Sie in diesem Fall hartnäckig, verbieten Sie Ihrem inneren Richter für zehn Minuten den Mund und essen Sie ein »Alles-nur-ein-Film-Klößchen«. Dann machen Sie weiter. Überlegen Sie, was Sie als Kind gut konnten und was andere, die Sie mögen, schon Nettes über Sie gesagt haben oder möglicherweise über Sie sagen würden, wenn sie gefragt würden; hierher gehört auch jeder Moment, in dem Sie für irgendetwas gelobt wurden und Anerkennung bekamen.

Vergleichen Sie anhand von Schwächen anderer Personen, was Ihre Stärke ist. Machen Sie sich bewusst, was Sie an Ihrer Persönlichkeit und an Ihrem Körper mögen und was Ihnen gefällt. Lassen Sie alles gelten, was Ihnen einfällt, und notieren Sie es.
2. Schreiben Sie dann alles auf, was Sie in Ihrem Leben schon erfolgreich abgeschlossen haben (Kindheit überlebt, Schule überstanden, Auszug aus dem Elternhaus durchgezogen, Führerschein gemacht, Ausbildung zu Ende gebracht, oder Ähnliches). Auch hier gilt: Im Detail liegt das Samenkorn der Selbstliebe, also lassen Sie auch so genannte »Selbstverständlichkeiten« gelten. (Dass etwas selbstverständlich ist, kommt nämlich vom inneren Richter und ist einer seiner Tricks.) Notieren Sie auch andere kleinere oder größere Erfolge oder Momente, in denen Ihnen etwas gut gelungen ist.
3. Notieren Sie alle Momente, die schön und in denen Sie glücklich waren. Hierher gehören auch Situationen, in denen Sie sich zu lieben Menschen dazugehörig oder mit jemandem in Verbindung fühlten, den Sie mögen oder mochten. Aber auch Erlebnisse in der Natur bei einem Spaziergang, in einem Urlaub oder im Zusammenhang mit fremden Menschen können uns solche Momente des Glücks beschert haben.
4. Beschreiben Sie, woran Sie merken, wenn Sie selbstbewusst und »eins mit sich« sind. Wie fühlt sich dann Ihr Körper an (wo genau?), wie ist Ihre Körperhaltung (im Vergleich zu den Momenten, in denen Sie sich unsicher und mies fühlen), welche Gedanken haben Sie über sich oder könnten Sie haben, wie hört sich dann Ihre Stimme an, wie sieht die Welt für Sie aus, wenn Sie selbstbewusst sind, und wie gehen Sie mit Ihren Mitmenschen um?

Lesen Sie erst weiter, wenn Sie diese Übung schriftlich gemacht haben.

8. Grenzen finden und liebevoll achten

In den letzten Kapiteln ging es hauptsächlich darum, wie wir unsere illusionären Erwartungen und Forderungen an unseren Lieblingsmenschen zu uns zurückholen und uns selbst um ihre Erfüllung kümmern können. Damit haben wir einen großen Schritt zu Selbstverantwortung und Liebesfähigkeit getan, denn wir haben unserem bzw. unserer Liebsten einen zentnerschweren Ballast von den Schultern genommen, der dort nicht hingehört, weil er dort nicht aufgelöst werden kann. Gelebte Selbstverantwortung erleichtert unseren Partner ungemein und schafft daher Raum für Freiwilligkeit und Liebe.

Dadurch mag der Eindruck entstanden sein, als müssten wir alles verstehen und mit uns ausmachen, während unser Partner sich ausleben könne wie die »Axt im Walde«. Das ist natürlich nicht der Fall. Zur Selbstliebe gehört es, dass wir unsere eigenen Grenzen herausfinden, selbstverantwortlich akzeptieren und zum Ausdruck bringen. Unsere Grenze kann z.B. darin bestehen, dass wir eine Erwartung unseres/unserer Liebsten nicht erfüllen können oder wollen. Unsere Grenze kann auch darin bestehen, dass uns unser Partner mit einem bestimmten Verhalten verletzt und wir das nicht erlauben können.

Wie können wir uns also eine Umwelt schaffen, die sowohl die Bedürfnisse unserer Mitmenschen respektiert als auch unsere eigenen Bedürfnisse berücksichtigt? Die Freiheit des einen hat so viel Raum, bis sie die des anderen berührt. Wir bewegen uns also zwischen unseren eigenen Ansprüchen an unseren Partner und unseren Ängsten davor, »nein« zu sagen, wenn uns sein bzw. ihr Anspruch zu viel wird, hin und her.

Wir respektieren uns gegenseitig nicht, weil wir nie gelernt haben, wie das auf achtungsvolle und liebevolle Weise geht. Unsere Grenzen als Kind wurden missachtet, und weil wir wissen, wie schmerzhaft eine Zurückweisung ist, fühlen wir uns schuldig, wenn wir dieses Gefühl unserem Partner zufügen. Wir haben Angst, er könnte uns dafür strafen, weniger lieben oder gar verlassen. Unsere Sehnsucht nach Liebe ist so groß, dass wir unsere Bedürfnisse nach Raum und Integrität sehr klein halten. Für unser inneres Kind hat Liebe eine viel höhere Priorität als Selbstachtung. Denn Liebe und Zuwendung waren eine Frage von Leben und Tod. Demgegenüber ist Selbstachtung fast schon Luxus.

Andererseits können wir aber auch unsere eigenen Bedürfnisse nicht immer hinter denen des anderen zurückstellen. So pendeln wir zwischen einer nachgiebigen Opferrolle und einer Rolle tyrannischer Manipulation hin und her. Es ist die Gratwanderung zwischen Selbstverleugnung und Narzissmus, also eine übertriebene, krankhafte Konzentration auf sich selbst. Wo fängt das »Ich« an, und wo das »Du«?

Sich selbst akzeptieren – Grenzen finden

Je mehr wir uns selbst vertrauen und unsere menschlichen Schwächen verzeihen lernen, umso weniger werden wir unsere Kraft auf andere projizieren und somit die Macht über unser Befinden nach außen abgeben. Wir können offen sein, ohne uns dabei in unserem Partner zu verlieren. Mit anderen Worten, wir sind offen für unsere Gefühle in der Begegnung mit ihm bzw. ihr und bleiben mehr und mehr mit einem Teil unserer Aufmerksamkeit bei uns, während wir mit unserem Partner in Kontakt sind. Um mit unserer natürlichen Kraft in Verbindung zu kommen und zu bleiben, ist es sinnvoll zu wissen, welche Situationen uns diesbezüglich unterstützen und welche uns behindern. Grenzen herausfinden und Wünsche äußern heißt nicht, sich gegenseitig dazu anzuleiten, wie wir unsere »wunden Punkte« vermeiden können. Denn das würde bedeuten, dass kein Wachstum und kein Heilungsprozess in Gang käme. Das aber ist die größte Chance intimer Beziehungen.

Beim Thema Grenzen geht es vielmehr darum, zur eigenen Selbstachtung und natürlichen Kraft in uns zurückzufinden und zu dem zutiefst empfundenen Verständnis, dass wir das Recht auf Existenz, unsere individuelle Eigenart und unseren eigenen »Raum« haben. Da unsere Grenzen von klein auf nicht sensibel beachtet wurden, wissen wir anfangs nicht, wo sie sind und wie es geht, sie zu beschützen. Wenn wir aber mit unserem inneren Kind mehr und mehr in Kontakt kommen, spüren wir zunehmend leichter, wann wir von jemandem »überrannt« oder »ausgenutzt« werden.

Abwehrmechanismen durchschauen

Da uns niemand gelehrt hat, unsere Grenzen zu spüren und zu wahren, haben wir ersatzweise gelernt, Abwehrmechanismen zu entwickeln. Mithilfe dieser Mechanismen verdrängen wir seit vielen Jahren gewohnheitsmäßig die Wahrnehmung unserer Grenzen und müssen uns so weder mit unserem inneren Schmerz noch mit der betreffenden Person im Außen auseinandersetzen: Wir verniedlichen z.B. ein solches Verhalten und tun so, als mache es uns nichts aus. Wir verleugnen oder verdrängen die innere Verletzung. Wir sagen dann z.B. zu uns: »Es ist nicht so wichtig.« Oder »Es macht mir nichts aus.« Oder wir finden Erklärungen und lenken uns so von uns selbst ab: »Das hat er/sie ja nur gemacht, weil ...« Oder wir nehmen die »Schuld« auf uns, indem wir uns sagen, wir seien zu empfindlich oder selbst schuld. Je länger wir mit diesen Mechanismen vermeintlich die Beziehung schützen, umso größer wird der Berg unter dem Teppich, unter den wir ständig unsere Verletzungen und Verärgerungen kehren. Irgendwann werden wir entweder krank, oder wir stolpern plötzlich darüber und fahren wegen einer Kleinigkeit total aus der Haut. Unser Partner bekommt die gesammelte Rechnung. Haben wir so wirklich unsere Beziehung beschützt?

Oft ist es dann zu spät, um noch zu einer gemeinsamen Lösung zu kommen, weil die Verärgerung und die Enttäuschung zu groß geworden sind. Unser Partner hatte nicht mal die Chance, besser auf uns einzugehen, denn er hat von unserem Schmerz nie erfahren. Mit anderen Worten: Indem wir unsere eigenen Grenzen nicht kennen oder nicht zum Ausdruck bringen, bringen wir langfristig die Liebe und das Vertrauen in unsere Beziehung in große Gefahr.

Grenzverletzungen fangen bei ganz »normalen« Dingen an, wie jemanden nicht ausreden lassen, nicht zuhören, jemanden warten lassen, sich ohne zu fragen etwas ausleihen oder ungefragt vom Teller des anderen essen, sich nicht an Verabredungen halten usw. Sie gehen weiter mit Anschreien und Du-Sätzen, jemanden beleidigen, jemandem Schuldgefühle machen, jemandem drohen (z.B. damit, ihn oder sie zu verlassen, wenn keine Änderung eintritt), jemanden nötigen oder zwingen, etwas zu tun oder zu unterlassen, bis hin zu körperlicher Gewalt.

Wenn wir an unserer Selbstachtung und Selbstliebe arbeiten wollen, ist es also auch notwendig, die eigenen Abwehrmechanismen zu durchschauen und uns selbst einzugestehen, wann wir unsere Grenze übertreten fühlen. Erst dann können wir entscheiden, was wir selbst dafür tun können, dass das nicht mehr geschieht.

In der Phase der Rückgewinnung unserer Selbstachtung

kommt die Wut zum Vorschein. Die Wut ist eine elementare Lebenskraft, die zum Zwecke der Selbstverteidigung von unserem Organismus zur Verfügung gestellt wird – also eine grundsätzlich positive, lebensfreundliche Einrichtung, wenn wir sie richtig einsetzen. Zunächst können wir lernen, unseren Ärger zu fühlen und auszudrücken, ohne uns in Vorwürfen oder blinden Racheaktionen zu verlieren – es ist unsere Kraft, mit der wir uns dadurch wiederverbinden. Es ist der Urmann oder die Urfrau, die ihre Würde verteidigt.

Natürlich müssen wir, trotz allen Verständnisses, unserem wütenden inneren Kind verbieten, diese Wut so auszudrücken, dass es selbst oder andere zu Schaden kommen. D.h., wir bleiben als liebevoller, verständnisvoller innerer Erwachsener achtsam dabei und beschützen unser inneres Kind davor, etwas Unüberlegtes zu tun, was ihm hinterher nur den Schmerz der Reue einbringen würde. Umgekehrt beschützen wir unser inneres Kind, falls nötig, vor der hemmungslosen Wut oder Gemeinheit unseres Partners.

Wenn die Wut so groß ist bzw. unser innerer Erwachsener noch zu instabil, um sie im Zaum zu halten, ist es beziehungsförderlicher, sich mit unserem Ärger zunächst alleine auseinanderzusetzen und unserem Lieblingsmenschen erst später davon zu berichten. Dies können wir umgekehrt auch ihm raten. Was vorher über indirekte Art wie Schmollen, Launen, Stichelei, Meckern, Sarkasmus oder Sabotage die Beziehung belastet hat, können wir jetzt direkt und kreativ nutzen. Dies kann durchaus auch lautstark innerhalb eines Streits mit dem Partner geschehen. Solche Streitereien dienen dem Erleben einer tieferen Schicht unserer inneren Wirklichkeit und der Klärung. Sie sind konstruktiv für unsere Partnerschaft, solange wir uns in Ich-Botschaften ausdrücken. Es ist auch ein Zeichen von Vertrauen in die Beziehung, wenn wir unserem Partner zeigen, dass wir wütend oder verletzt sind, anstatt uns damit zu verstecken und

Sachlichkeit zu heucheln. Wenn wir den Mut finden, unseren Ärger direkt auszudrücken, bauen wir unsere Spannung ab und schaffen Klarheit und Offenheit.

Worin liegt nun der Unterschied zu einem Streit, wie wir ihn früher geführt haben? Der größte Unterschied liegt in unserem Motiv. Früher haben wir die Schlacht geführt, um sie zu gewinnen und um unseren Partner in unserem Sinne zu verändern, also zu manipulieren. Nun drücken wir uns aus, um uns selbst dabei zu erleben, unseren Partner daran teilhaben zu lassen und um uns unsere eigene Verantwortung für unser Wohlergehen bewusst zu machen.

Nur unseren Ärger auszudrücken heilt weder unsere Beschämung noch gibt es uns unsere Selbstachtung zurück. Heilung geschieht, indem wir uns selbst fühlen und uns vertrauen, anstatt blind zu reagieren und außenorientiert zu fordern oder uns zu beschweren. So wandelt sich unsere Verteidigungshaltung langsam in Selbstvertrauen, Selbstliebe und »In-unserer-Mitte-Sein«. Je mehr wir uns erlauben, hinter unsere Abwehrmechanismen zu fühlen und die dahinter liegende Wut, Verletzlichkeit und Traurigkeit zu spüren, umso mehr wird es uns möglich, genug Vertrauen aufzubringen, diese Gefühle mit unserem Liebespartner zu teilen. Und selbst entsprechende Maßnahmen einzuleiten, die nötig sind, um unser inneres Kind heilen zu können.

Es gibt Momente oder Situationen, in denen sich beide Partner in ihrem fordernden, wütenden Kind verlieren und nur noch manipulativ oder rachsüchtig reagieren. In solchen Augenblicken sind wir so von den Emotionen unseres inneren Kindes überschwemmt und in unserem Film, dass wir nicht sehen, was wir anrichten – wir sind »außer uns«. Solche Streitereien sind destruktiv und sollten schnellstmöglich abgebrochen werden. Das Gespräch kann zu einem späteren Zeitpunkt fortgesetzt werden, wenn wir wieder »bei uns« sind. Sobald wir merken, dass wir uns in einer solchen Situation befinden, ist es sinnvoll, eine Grenze zu ziehen und zu unserem Partner zu sagen: »Wir reden lieber ein andermal darüber, in dieser Stimmung tun wir uns nur gegenseitig weh« und aus dem Raum zu gehen.

Unsere Grenzen mitteilen können wir also auf zweierlei Weisen: mit Bestimmtheit (wie im obigen Beispiel) oder mit Empfindsamkeit – je nach Situation. In engeren Beziehungen können wir es uns erlauben, verletzlich zu sein und zu zeigen, wenn wir uns überrannt oder respektlos behandelt fühlen. Ob die Intimität tiefer gehen kann, hängt sehr davon ab, ob wir auf sanfte und vertrauensvolle Art Grenzen setzen können. Dabei ist ausschlaggebend, wie offen wir bleiben und wie gut wir uns unserem Lieblingsmenschen mitteilen können, wenn wir uns gerade schlecht behandelt fühlen. Denn es ist liebevoll, wenn wir davon ausgehen, dass unser Partner aus Versehen oder aus Gründen, die in seiner Person und Geschichte liegen, so ist, wie er ist. Kein Grund also, ihn sofort zu strafen, z.B. mit einem schneidenden oder beleidigten Ton oder entsprechend kalten Bemerkungen oder Verhaltensweisen. Möglicherweise aber ein Grund, um in erhöhtem Maße auf sich selbst aufzupassen, unser inneres Kind zu beschützen und unserem Partner ein Feedback zu geben. Wir können in diesen Momenten erkennen, dass wir möglicherweise wieder der kindlichen Hoffnung aufgesessen sind, dass Menschen, denen wir uns öffnen, uns nicht verletzen werden. Dieses Risiko gehört aber »zum Spiel«, denn es sind auch nur Menschen. Dies dem Partner zuzugestehen und gleichzeitig sich selbst zu spüren und zu zeigen, bereitet den Boden für Offenheit und Vertrauen.

Dieser Prozess führt mit etwas Übung dazu, dass sich unser Selbstbild positiv verändert, dass wir uns »würdevoller« fühlen. Von dieser Position der Selbstliebe und Selbstachtung aus können wir unserem Lieblingsmenschen um der Offenheit willen einen Wunsch mitteilen, ohne damit eine versteckte Forderung oder Drohung zu verbinden. Unser Partner spürt, dass er bzw. sie die Wahl hat, und kann aus Selbstverantwortung heraus entscheiden, ob er uns diesen Wunsch erfüllen kann, ohne sich selbst dabei zu verraten, oder eben nicht. Wir bleiben mit unserer Aufmerksamkeit und Verantwortung in jedem Fall bei uns selbst. Wenn unser Partner sich nicht in der Lage fühlt, unserem Wunsch zu entsprechen, so können wir uns daran erinnern, dass das Tor unseres »geistigen Geheges« offen ist und wir in jedem Moment die Möglichkeit haben, unser Leben selbst zu gestalten.

Michael und Kerstin

Michael und Kerstin sind seit zehn Jahren zusammen und haben zwei Kinder von sechs und sieben Jahren. Kerstin ist Musiklehrerin und seit der ersten Schwangerschaft zu Hause, um sich um die Kinder zu kümmern. Michael arbeitet als Programmierer in einer mittelständischen Firma im nächsten Ort. In den ersten Jahren ihrer Beziehung, nach den »Flitterwochen«, gibt es viele böse Auseinandersetzungen, da Michael ein »Freund der Frauen« ist und Kerstin massiv unter Eifersucht leidet. Die zahlreichen Diskussionen verlaufen in etwa nach dem folgenden Schema: Kerstin: »Wie kannst du nur so etwas tun, wenn du weißt, wie sehr du mir damit wehtust?« Michael: »Das hat doch nichts mit uns zu tun, jetzt steigere dich doch nicht schon wieder so rein. Ich kann dir nicht versprechen, dass es nicht wieder vorkommt, so bin ich halt, und ich brauche diesen Freiraum!« Meist handelt es sich bei den hartumkämpften »Delikten« um Verhaltensweisen wie anderen Frauen hinterher schauen, alleine mit einem Freund ausgehen, andere Frauen in ein Gespräch verwickeln und flirten; in bisher einem Fall ging es auch schon um eine

Nacht, in der Michael erst morgens um drei nach Hause kam und »gestand«.

Für Kerstin ist dieses Thema jedes Mal eine nicht zu überbietende Katastrophe. Ihr inneres Kind dreht völlig durch, und sie lieferte Michael bereits einige Szenen, in denen sie die ganze Beziehung in Frage stellt, und ihm massivste Schuldgefühle machte. Für Kerstin bedeutet Michaels Interesse an anderen Frauen, dass er sie nicht mehr liebt und sie verlassen könnte. Sie hasst ihn dafür, dass er ihr diese Gefühle immer wieder zumutet, und fühlt sich wie in der Falle. Für Michael hingegen bedeutet es Lebensfreude und Anerkennung als Mann. Er denkt nicht im Traum daran, Kerstin und die Kinder zu verlassen, denn er liebt sie, und sie sind ihm wichtig; die Familie ist seine Heimat. Das Weggehen mit einem Freund ist für ihn lediglich ein ebenso notwendiger wie »unschuldiger« Ausgleich zu seinem beruflichen Alltag und der Familie. Wenn Kerstin ihn aufgrund ihrer Eifersucht wegen »Kleinigkeiten« so massiv angreift, fühlt er sich unverstanden, abgelehnt, über Schuldgefühle manipuliert, wie eingesperrt und seiner Freiheit beraubt, und er geht auf innere Distanz.

Aufgrund ihrer immer häufiger auftretenden quälenden »Eifersuchtsattacken« setzt sich Kerstin mit ihrem inneren Kind und den dahinter liegenden Gefühlen auseinander. Sie will wenigstens mit den »normalen« weiblichen Kontakten und Begegnungen von Michael zurechtkommen lernen, damit sie sich wieder würdevoll und selbstbewusst fühlen kann. In täglichen »Gesprächen« mit ihrem inneren Kind erfährt Kerstin, dass es panische Angst hat, ohne Michael nicht überleben zu können, allein mit den zwei Kindern. Sie stellt das von ihrem liebevollen inneren Erwachsenen aus richtig. Weiter erfährt Kerstin, dass ihr inneres Kind glaubt, es sei nicht liebenswert, was mit sehr großem Schmerz und Traurigkeit verknüpft ist. Sie entscheidet sich, an ihrer Selbstliebe zu arbeiten, und tut es ab da diszipliniert über mehrere Jahre. Bereits nach einigen Monaten spürt sie Erleichterung.

Michael denkt aufgrund der vielen bösen Streitereien mit Kerstin über sein Verhalten nach. Er gesteht sich ein, dass er aufgrund seiner Unsicherheit bezüglich des eigenen Wertes immer wieder einmal ausprobiert, ob er noch Chancen bei anderen Frauen hätte. Nicht, weil er beabsichtigt fortzugehen, sondern weil er sich dadurch bestätigt fühlt. Michael entscheidet sich, auch andere Möglichkeiten der Selbstbestätigung in sein Leben aufzunehmen, und beginnt einen Mannschaftssport. Das Ausgehen mit seinem Freund behält er bei und benutzt es unter anderem dafür, sich selbst zu beobachten und kennen zu lernen.

Beide erzählen sich gegenseitig von ihren Erkenntnissen und Gefühlen und dem Wissen, dass sie für sich selbst verantwortlich sind. Kerstin findet sich noch immer ab und zu in einer lauten Szene mit Michael, sie benutzt allerdings inzwischen Ich-Botschaften, um sich und Michael daran zu erinnern, dass sie gerade einfach nur ihre Gefühle ausdrücken möchte. Sie erlaubt ihrem inneren Kind die Tränen und die Wut und zieht sich immer öfter kurzfristig in ein anderes Zimmer zurück, um sich liebevoll um sich selbst zu kümmern, anstatt Michael unter Druck zu setzen oder voreilig zu strafen. Michael nimmt in diesen Momenten selbst hin und wieder Kontakt auf zu seiner verletzlichen Seite und seiner Angst vor einer Trennung. Wenn sich Kerstin jetzt so selbstverantwortlich um sich selbst kümmert, »weiß man ja nicht, ob sie nicht irgendwann geht«. Er bewundert ihre Disziplin und hat viel Mitgefühl mit ihrem Schmerz. Wo er nur kann, zeigt er ihr seine Zuneigung. Ihre Verbindung und Intimität werden viel tiefer.

Persönliche Vertiefungsübung »Die eigenen Grenzen schützen«

Schritt 1:
Nehmen Sie sich nun wieder einen Moment Zeit für sich. Schreiben Sie dann auf, mit welchen Punkten in Ihrer Beziehung (oder der letzten) Sie immer noch die größten Probleme haben – Situationen, in denen Sie sich besonders allein, unter Druck oder unfähig erleben oder sich von Ihrem Partner in Ihrem Wachstum behindert fühlen. Es sind meist die Themen, bei denen wir in der Übung »Bedingungen« den größten Widerstand gespürt haben, die Verantwortung mit letzter Konsequenz zu uns zurückzunehmen (die Sätze mit dem roten Kreuz). Z.B.: *»Wenn mich mein Partner nicht mehr betrügen würde, könnte ich Vertrauen haben.«* Oder: *»Wenn mein Partner weniger trinken würde, dann müsste ich nicht mehr unter seinem Rausch leiden.«* Oder: *»Wenn meine Mutter nicht krank wäre, könnte ich mein eigenes Leben führen.«* Oder: *»Wenn ich keine Kinder hätte, könnte ich die Beziehung beenden.«*

Machen Sie mit Schritt 2 erst weiter, wenn Sie die Übung bis hierher gemacht haben.

Schritt 2:
Wenn Sie mit Mitgefühl für sich selbst alle diese besonders wunden Punkte aufgeschrieben haben (Ihre momentanen Grenzen), dann fragen Sie sich im zweiten Schritt nun Folgendes: Angenommen, mein Partner oder diese Situation würde sich hundertprozentig niemals ändern, welche Konsequenz ist für mich dann heute die richtige?
Nehmen Sie sich für diese Übung Zeit, und führen Sie sie mit viel Wärme für Ihr inneres Kind durch. Meist sind wir in der Zwickmühle zweier wichtiger Bedürfnisse. Fragen Sie

sich: Geht es mir besser, wenn ich in Zukunft so handle? Oder so? Wie kann ich beiden Bedürfnissen gerecht werden? Probieren Sie im Geiste verschiedene Möglichkeiten aus, immer in dem Bewusstsein, dass Ihr inneres Kind Ihre Unterstützung braucht.

Lassen Sie nur konstruktive Möglichkeiten gelten, alle anderen stammen von unserem inneren Richter, der die Gelegenheit wittert, uns wieder richtig schön Angst zu machen und alles beim Alten zu lassen.

Lesen Sie erst weiter, wenn Sie diese Übung schriftlich gemacht haben.

Ein Rückblick

Wir haben nun gemeinsam einen großen Bogen von den Anfängen der Menschheitsgeschichte bis zu den psychischen Mechanismen in Beziehungen der Neuzeit geschlagen. Wir haben uns bewusst gemacht, welche genetisch unterschiedliche Ausprägung Männer und Frauen haben, und haben uns mit den Möglichkeiten der Überbrückung der daraus entstehenden Missverständnisse befasst. Es sind uns die Illusionen über die Liebe und die Mechanismen unseres inneren Kindes klarer geworden. Wir wissen mehr über das Phänomen unserer Projektionen und dass uns unser Lieblingsmensch viele unserer nicht gelebten oder nicht bewussten Wesenszüge oder Ängste spiegelt. Wir haben uns darum bemüht, in unseren Enttäuschungen über unseren Partner die darin verborgene Wachstumschance für uns selbst zu erkennen. Und wir haben eine Ahnung davon bekommen, wie es sein kann, einen liebevollen inneren Erwachsenen oder eine meditativ beobachtende innere Präsenz zu entwickeln, die unser inneres Kind

- nährt und auffängt,
- in seiner Angst versteht und entspannt,
- mit seinen Missverständnissen bezüglich unseres Selbstwertes liebevoll anhört und diese richtig stellt,
- ermutigt, sich abzugrenzen und auf die innere Wahrnehmung zu vertrauen,
- bei der Befriedigung seiner Wünsche und Bedürfnisse unterstützt,
- ermuntert, seine Gefühle wahrzunehmen und angemessen auszudrücken,
- tröstet, wenn ihm etwas missglückt ist,
- liebevoll erzieht, wenn es sich selbst oder anderen Schaden zufügen will,
- ermutigt, Neues auszuprobieren und sich zu zeigen, wie es ist,

– kurz: es mit liebender Bewusstheit umsorgt.

Wir wissen, wie wir unsere Selbstliebe und Selbstachtung verstärken können und dass das die Basis für eine gesunde Beziehung ist.

Abschlussübung für das Unterbewusstsein

Um all diese Punkte abschließend noch einmal Ihrem Unterbewusstsein als klaren Auftrag für Ihre Zukunft mitzuteilen, können Sie nun eine ganz persönliche kleine Vorstellungsübung machen. Stellen Sie sich jetzt sich selbst so vor, wie Sie sind, wenn Sie sich selbstbewusst und »bei sich selbst« fühlen. Sehen Sie, wie gut Sie dann aussehen, und beachten Sie Ihre aufrechte Haltung. Erinnern Sie sich an Ihre Stärken und die

Liebe in Ihrem Herzen. Genießen Sie einen Moment sich selbst.

Dann stellen Sie sich Ihren Liebsten oder Ihre Liebste vor. Wenn Sie keine Beziehung haben, einfach etwas vage Ihren zukünftigen Lieblingsmenschen. Sehen Sie verschiedene schöne Momente und spüren Sie, wie Sie sich dabei offen und vertraut fühlen. Anschließend stellen Sie sich eine Szene vor, in der es zu Meinungsverschiedenheiten kommt und Sie bei sich bleiben können. Hören Sie, wie Sie in Ich-Botschaften Ihr Gefühl und Ihren Wunsch ausdrücken und dabei Ihr innerer Erwachsener bleiben, der auf Ihr inneres Kind aufpasst. Fühlen Sie, wie schön es ist, für sich selbst die Verantwortung zu haben, und spüren Sie Ihre Würde und Freiheit – aber auch Ihr Mitgefühl mit Ihrem Partner. Sehen Sie sein inneres Kind und entscheiden Sie, welches die richtige Reaktion für Sie und alle Beteiligten in diesem Moment ist. Handeln Sie danach. Sagen Sie ihm bzw. ihr eventuell auch, was Sie schon lange sagen wollten, oder ziehen Sie sich zunächst zurück und sprechen danach noch einmal miteinander. Genießen Sie den Moment der Entscheidungsfähigkeit und Sensibilität für sich selbst und andere.

Dann stellen Sie sich vor, wie die Situation für alle Beteiligten am besten geregelt wird. Freuen Sie sich an den vielen Möglichkeiten, mit sich und anderen Menschen in einen tieferen Kontakt zu kommen und die Verbindung zu spüren. Freuen Sie sich auch auf die Zeit mit sich allein, in denen Sie sich selbst genießen und auftanken können. Machen Sie diese kleine Übung am besten jetzt bei ruhiger, schöner Musik mit geschlossenen Augen, und bleiben Sie dabei diszipliniert in positiven Bildern und Gefühlen. Lesen Sie erst danach weiter.

All das Wissen, das wir über die Liebe angesammelt haben, dürfen wir nicht verwechseln mit dem gefühlten Verstehen mit jeder Faser unseres Seins. Unsere Handlungen entspringen zum weitaus größten Teil unserem Unbewussten. Folgt auf die Wissensansammlung und »kopflastige« Erkenntnis nicht die aktive tägliche Bewusstwerdung des Sinns, der hinter den Worten verborgen liegt (durch die entsprechende Übung an uns selbst), so bleibt es ein weiteres Kapitel in unserem Verstand mit geringer Wirkung. Jeder Lernprozess besteht aus Theorie und Praxis. Wenn wir uns die theoretischen Kenntnisse erworben haben, sind wir in der Kunst der angewandten Praxis noch keineswegs geübt. Wir werden erst nach einer langen Praxis zu einem Meister und erst dann, wenn schließlich die Ergebnisse unseres theoretischen Wissens und die Ergebnisse unserer praktischen Tätigkeiten miteinander verschmelzen.

Probleme in Beziehungen sind also keineswegs etwas, das es zu vermeiden gilt. Im Gegenteil, sie helfen uns, uns unseren alten Wunden zuzuwenden und diese zu heilen. Wir helfen uns dabei gegenseitig, oft gerade durch die »unschönen« Szenen in unserer Beziehung. Sind wir damit mehr und mehr im Einklang, so können wir eine Beziehung trotz »Problemen« als Bereicherung empfinden.

Der Weg zur Liebe und Leichtigkeit im Leben führt zuweilen durch unsere Angst und Schwere. Es gibt Phasen, in denen wir nur noch davon erfüllt sind. Wir tun gut daran, nicht nur in Angst und Schmerz unseres inneren Kindes herumzuwühlen, sondern immer wieder den Blick aufzurichten und das Leichte und Erfolgreiche in unserem Leben zu sehen und einfach Spaß zu haben. Das ganze Leben ist einem ständigen Wandel unterlegen, nichts bleibt, wie es ist, weder der Frühling noch der Winter. So können wir uns auch erlauben, irgendwann die alten, ausgegrabenen Dramen wieder zu vergessen und stattdessen die wertvollen Lehren, die wir daraus gezogen haben, und unsere Selbstliebe im Auge behalten. Sobald wir den Schatz, der in jeder Krise verborgen liegt, gefunden haben, dürfen wir unseren Schmerz und die alten Geschichten und Filme loslassen.

Unsere Liebesfähigkeit hängt mit der Fähigkeit, allein sein zu können, eng zusammen. In dem Alleinsein, bei dem wir uns mit anderen verbunden fühlen, steckt eine regenerierende und heilende Kraft. Selbst wenn unser »Geheimweg« nach innen vorübergehende Abgründe und Gefühle von Getrenntheit und Einsamkeit aufweist, so ist es letztlich doch der einzige Weg zu uns selbst und zur Liebe. Alleinsein und Nähe sind wie das Einatmen und das Ausatmen der Liebe. Die Sehnsucht nach Alleinsein und Freiheit deutet auf unser Bedürfnis nach Individualität und Selbstfindung dieses einzigartigen ursprünglichen Wesens, das wir sind, hin. Unsere Sehnsucht nach Liebe und Geborgenheit ist Ausdruck unseres Strebens nach Auflösung und des Wunsches, in den Zustand der Einheit und der Geborgenheit zurückzukehren.

Persönliche Vertiefungsübung
»Erwartungs-Ergebnis-Vergleich«

Mit der ersten Vertiefungsübung haben Sie sich Gedanken gemacht über Ihre Erwartungen an dieses Buch. Da wir nun am Ende unserer gemeinsamen Reise ins Land der Frauen und der Männer sind, bietet es sich an, diese Notizen mit Ihrem jetzigen Eindruck zu vergleichen.

Beantworten Sie zu diesem Zweck die folgenden Fragen:
1. Was sind meine wichtigsten Erkenntnisse zum Thema »Mann und Frau«, nachdem ich dieses Buch gelesen habe?
2. Inwiefern hat mich meine Arbeit mit diesem Buch meinen

Zielen zum Thema Beziehungen näher gebracht? (Notieren Sie sich, auf welche Weise sich Ihre Erwartungen an dieses Buch erfüllt und Ihre Ansichten über Beziehungen sich verändert haben.)
3. Wie sehe ich meine bisherigen Beziehungen und wie mich selbst?
4. Ist mir mein Ziel zum Thema Liebe so wichtig, dass ich weiterhin aktiv dazu beitragen möchte?
5. Was habe ich bisher dazu beigetragen, dass ich meinem Ziel in Sachen Liebe näher gekommen bin? Was kann ich ab heute dazu beitragen, um die Anregungen aus diesem Buch als wesentliche Unterstützung und Inspiration für mein Ziel zu nutzen?

Machen Sie sich dazu einen ganz individuellen »Plan« zur Entwicklung eines stabilen Selbstwertgefühls und zur sensiblen Achtung eigener und anderer Grenzen.

Beantworten Sie erst die Fragen, suchen Sie dann Ihre Aufzeichnungen zur ersten Vertiefungsübung heraus, und vergleichen Sie Ihre Aussagen. (Auch zu dieser Vertiefungsübung gibt es noch einen kurzen, abschließenden Kommentar.)

Anhang

Zur Vertiefungsübung »Erwartungen/Ziele«:

Die Beantwortung solcher Fragen macht uns unseren meist unbewussten Antrieb bewusst, warum wir überhaupt das tun, was wir tun. Denn was immer wir tun – es kostet Zeit, Energie und oft auch Geld. Und: Es hat einen Grund, ob wir ihn kennen oder nicht. Wenn wir wissen, was wir uns von dieser »Investition« versprechen, können wir viel zielgerichteter und vor allem mit größtmöglicher Selbstverantwortlichkeit sicherstellen, dass sich der Aufwand für uns lohnt. Mit der Beantwortung dieser Fragen haben Sie dazu beigetragen, das Bestmögliche für Sie aus diesem Buch herauszuholen. Überprüfen Sie nach jedem Kapitel, in welchen Punkten Sie Ihrem Ziel bereits näher gekommen sind. So ist es ein aktiver, lebendiger Prozess.

Zur Vertiefungsübung »Ur-Frau/Ur-Mann«:

Mit diesem Ausflug in die menschliche Frühgeschichte haben wir über den Einfluss unserer instinkthaften Seite gesprochen, die uns unsere Vorfahren als ihren »höchsten Schatz« vererbt haben. Evolutionsbedingt wurden nur die erfolgreichsten Gene von Generation zu Generation weitergegeben und schlummern heute als unbewusste Überlebenskraft in uns. Es ist etwas sehr Wertvolles, das wir als Lebensenergie und -freude, als Wildheit und persönliche Stärke erleben können, sobald wir uns mit ihr versöhnen und verbinden.

Vielleicht haben Sie auch Eigenschaften des anderen Geschlechts bei sich entdeckt. Das braucht uns nicht zu wundern, denn wir haben natürlich sowohl von unserem Vater als auch von unserer Mutter Erbgut in uns, also sowohl männliche als auch weibliche Qualitäten und Fähigkeiten. Mit anderen Worten, in jedem von uns liegt das Beste aus Jahrmillionen menschlicher Entwicklungsgeschichte von Mann und Frau verborgen!

Draußen in der Natur, in Bewegung, ist es am leichtesten, mit dieser natürlichen inneren Kraft in Kontakt zu kommen. In Zusammenarbeit mit unserem Verstand können wir sie nutzen und in kreative, sinnvolle Bahnen lenken.

Zur Vertiefungsübung »Selbstbild«:

Sie können sich einen Eindruck über Ihr Selbstwertgefühl verschaffen, indem Sie z.B. die Zahl der positiven und der negativen Eigenschaften bei »ich bin...« vergleichen. Dabei gilt das als positiv oder negativ, was Sie als positiv oder negativ empfinden. Haben Sie z.B. fünf Stärken notiert und acht Schwächen, so liegt Ihr Selbstwertgefühl im negativen Bereich, d.h. Sie spielen das Verliererspiel.

Haben Sie fast ausschließlich Stärken notiert, so könnte es sein, dass Sie das Siegerspiel spielen. Dazu gehört, dass wir die Neigung haben, alle Schwächen für uns selbst spontan abzulehnen, weil wir unbewusst Angst haben, dafür abgewertet zu werden. Wenn Sie Lust haben, sich selbst noch besser kennen zu lernen und dabei noch stabiler zu werden, so lade ich Sie ein, es zunächst einmal einfach für möglich zu halten, dass Sie diese Strategie unbewusst anwenden. Alles Weitere ergibt sich von selbst... (Manche Menschen spielen übrigens auch beide Spiele abwechselnd.)

Einen weiteren Hinweis gibt Ihnen der Zahlenvergleich

zwischen »ich kann ...« und »ich muss/ich darf nicht ...« Diese beiden Aussagen zeigen uns, wie viel Freiheiten und Fähigkeiten wir uns selbst zugestehen bzw. wie stark wir uns einengen ließen und lassen.

Doch nicht immer ist die Anzahl allein aussagekräftig. Entscheidender kann Ihre persönliche Bewertung sein, wie wichtig Sie die eine oder andere Aussage finden.

Wenn Sie an Ihrem Selbstwertgefühl arbeiten möchten, dann genügt es zunächst, die negativen Aussagen über sich möglicherweise für ein Missverständnis zu halten. Im Alltag bemerken Sie dann immer öfter, wenn Sie sich selbst gedanklich gerade wieder »runtergemacht« haben, und können sich über jede dieser Entdeckungen freuen. Denn jedes Mal, wenn Sie Ihrem negativen Automatismus auf die Schliche kommen, wird er ein bisschen schwächer. Alles Weitere ergibt sich ...

Zur Vertiefungsübung »Männer-/Frauenbild«:

Wie in der Übung vorher ist es z.B. möglich, Ihre persönliche Meinung über das jeweilige Geschlecht herauszufinden, indem Sie die Anzahl von positiven und negativen Eigenschaften bei »Männer sind ...« oder »Frauen sind ...« wieder vergleichen. Aber auch hier entscheidet letztlich Ihre persönliche Gewichtung der einzelnen Äußerungen.

Wenn Sie teilweise sehr krasse Meinungen vorgefunden haben, können Sie davon ausgehen, dass Sie als Kind sehr verletzt und in Ihrem Vertrauen herb enttäuscht wurden. Dann ist es sehr wichtig für Sie zu lernen, Mitgefühl für sich selbst zu entwickeln und die volle Verantwortung für Ihr Leben zu übernehmen.

Wenn Sie an Ihrem Männer- oder Frauenbild arbeiten wollen, dann ist es gut, es im Alltag möglichst immer aufzuspüren, wenn es sich hinter unseren Äußerungen, Gedanken, Gefühlen oder Verhaltensweisen versteckt hat. Freuen Sie sich über jedes Mal, wenn Sie wieder eine Facette davon bemerkt haben, und halten Sie es dann einfach für möglich, dass die Männer oder Frauen, mit denen Sie es heute zu tun haben, in Wirklichkeit auch ganz anders sein können.

Zur Vertiefungsübung »Lieblingsstrategien«:

Die meistverwendeten nach außen gerichteten Strategien sind Forderung und Vorwurf, Manipulation über Gefühle, Rache oder Betteln, Helfen, Kontrollieren, Angreifen oder Unnahbarkeit und Rückzug. Die üblichen nach innen gerichteten Strategien sind Resignation (»alles meine Schuld«: das Verliererspiel), Harmonisieren und Beschwichtigen (»Er/sie hat es ja nicht so gemeint«, »Ist ja nicht so schlimm«, ...), Schmollen oder das Siegerspiel spielen (»Hat mit mir nichts zu tun, ist sein/ihr Problem«).
   Keine der Strategien ist besser oder schlechter als die andere, und ihre Anwendung ist schlicht und einfach menschlich. Denn wir alle tun es, meist sogar völlig unbewusst, und zwar, weil wir es nicht besser wissen. Wenn Sie daran arbeiten möchten, dann beobachten Sie diese automatischen Strategien wie ein Detektiv auf Spurensuche und freuen sich, wenn Sie wieder etwas davon in Ihrem Verhaltensrepertoire entdeckt haben. Alles Weitere ergibt sich ...

Zur Vertiefungsübung »Freiheitsliebe«:

Ist es Ihnen aufgefallen? Die Rolle des Freiheitsliebenden passt gut zu den Eigenschaften unseres Urmannes. Deswegen sind es meist Männer, die diese Rolle in Beziehungen spielen.

Aber es gibt auch Frauen, die aus Angst vor der vermeintlich schwachen Rolle in das andere Extrem verfallen sind.

Sind Sie ein »hochprozentiger« Freiheitsliebender, dann dürfte Ihnen diese Übung nicht gerade leicht gefallen sein – wahrscheinlich haben Sie sie gar nicht gemacht. (Gründe, die wir dafür nennen, können sein: Jetzt keine Zeit, keine Lust, nicht in Stimmung, mach' ich morgen, ist ja eh Blödsinn, trifft auf mich eh nicht zu usw.) Das ist auch völlig okay. Sie spüren selbst, wann Sie sich auf diesen unbekannten Teil Ihrer selbst einlassen mögen und können.

Wenn Sie die Übung trotz Widerwillens gemacht haben: Respekt! Das hat viel Mut gefordert und zeigt, dass Sie jetzt wirklich an einer Lösung interessiert sind. Als Freiheitsliebender sind wir sehr verletzt und haben uns dadurch irgendwann von unseren Gefühlen abgeschnitten. Daher können wir sie jetzt kaum spüren. Wenn wir lernen wollen, mit uns selbst so respektvoll umzugehen, wie wir es uns von anderen immer gewünscht haben, dann beginnt der Weg wie jede andere Reise mit dem ersten Schritt. Der erste Schritt in diesem Fall ist, es für möglich zu halten, dass unter der bewussten Oberfläche unseres Alltagsdenkens tiefe Gefühle verborgen liegen, von denen wir noch nichts wissen. Der zweite Schritt ist die Entscheidung, uns für diese unbekannten Gefühle zu öffnen. Das Gute an dem Muster des Freiheitsliebenden ist, dass wir geübt darin sind, immer wieder die Kontrolle über uns zu übernehmen. Wenn wir etwas können, dann das! Diese Fähigkeit steht uns jederzeit auf dem Weg in inneres, unbekanntes Gebiet zur Verfügung, sobald uns das emotionale Abenteuer »zu heiß« wird. Alles Weitere ergibt sich von selbst ...

Sind Sie ein »hochprozentiger« Näheliebender, dann ist Ihnen bei dieser Übung als Beispiel wahrscheinlich sofort Ihr Partner eingefallen, und Sie mussten schwer nachdenken, wo Sie selbst freiheitsliebend sind.

An den Beobachtungen von uns selbst ist nie etwas falsch oder peinlich. Ein guter Beobachter macht viele Beobachtungen, egal welche – es ist immer ein Erfolg! Das, was wir dabei beobachten, ist nichts weiter als eine alte Angewohnheit. Alle Angewohnheiten, die nicht wirklich zu uns passen, verschwinden von selbst, wenn wir sie immer wieder wertfrei ansehen. Sie schmelzen dabei wie Schnee in der Sonne.

Zur Vertiefungsübung »Sehnsucht nach Nähe«:

Diese Rolle spielen überwiegend Frauen in Beziehungen. Die Neigung dazu liegt sowohl in ihren Genen als auch in den Kindertagen. Aber auch Männer haben ein verletzliches inneres Kind in sich, das Schutz und Wärme braucht und Angst hat vor Ablehnung. Das innere Kind wusste in unseren frühen Jahren, dass es alleine nicht überleben kann, und diese reale Überlebensangst steckt als seelische Wunde noch tief in uns allen und wird in der Partnerschaft aktiviert. Jeder geht damit auf seine Weise um, der eine mit Distanz, der andere durch Klammern.

Als Nähe sehnende Persönlichkeit sind wir näher an unseren Gefühlen dran und spüren uns leichter. Die einzige Hürde, die uns noch von der Selbstliebe trennt, ist die Entscheidung, für uns selbst zu sorgen, indem wir für die Gefühle unseres inneren verletzten Kindes ein für allemal die »Mutterschaft« (oder »Vaterschaft«) übernehmen. Die unglaubliche Sensitivität, die wir benutzten, um unseren Partner an uns zu binden, können wir ab jetzt auch nutzen, um mit uns selbst in einen warmherzigen Kontakt zu kommen. Die in unserem Muster liegende Fähigkeit zu Mitgefühl und Liebe können wir mit einiger Übung einfach herumdrehen und bei uns selbst anwenden. Denn wenn wir etwas können, dann das!

Zur Vertiefungsübung »Projektionen«:

Keine einfache Übung. Wenn Sie sich das erste Mal solche Fragen gestellt haben, dürfte Ihnen bei der Beantwortung noch nicht allzu viel eingefallen sein. Üblich sind in diesem Fall übrigens Reaktionen wie Ungeduld, genervt sein, keine Lust zu der Übung haben, Gründe finden, warum wir das jetzt nicht machen können usw. Machen Sie sich nichts draus! Das ist menschlich. Bestimmt geht es im nächsten Anlauf schon ein kleines bisschen leichter.

Um die Fragen sinnvoll zu beantworten, kann es hilfreich sein, ein bisschen großzügig und »aus der Ferne« hinzusehen – gerade, was die Parallelen betrifft.

Um Ihre Projektionen zu sich zurückzuholen, beantworten Sie sich die folgenden drei Fragen:

1. (Bezogen auf Frage 4): Wie können Sie das, was Sie am meisten bewundern, sich selbst erarbeiten? Erstellen Sie sich Ihr ganz persönliches Übungsprogramm (Bücher dazu lesen, Seminare buchen, üben ...)
   Und habe ich das, was mich am meisten provoziert, nicht auch (vielleicht in dezenterem Ausmaß) in meinem Repertoire? Kann ich damit jetzt Frieden schließen?
2. (Bezogen auf Frage 5): Was wäre, wenn Sie sich das (in einem für Sie passenden Rahmen bzw. einer für Sie passenden Art) ab jetzt auch erlauben würden?
3. (Bezogen auf Frage 6): Wie können Sie ab jetzt selbst dafür sorgen bzw. wie können Sie sich das selber geben?

Auch wenn Sie die weiterführenden Fragen überraschen oder Sie vielleicht sogar einen Widerstand in Form von Ärger oder Entrüstung oder Verzweiflung dabei spüren: Lassen Sie uns endlich unsere Wünsche und Sehnsüchte so wichtig nehmen, wie wir es immer von unserem Partner erhofft haben!

Warum darauf warten, dass irgendwann irgendjemand kommt und uns unsere tiefsten Wünsche erfüllt? Vielleicht kommt dieser Jemand nie!? Unser Leben ist zu kostbar für eine solche Zeitverschwendung. Lassen Sie uns aufstehen und losziehen, sie selbst zu erfüllen! Wir haben alles, was wir dafür brauchen.

Zur Vertiefungsübung »Sprachführer«:

Planen Sie mit Ihrem/Ihrer Liebsten einen schönen Abend, indem Sie ihm/ihr sagen, Sie haben sich darüber Gedanken gemacht, wie Ihre Beziehung noch schöner werden kann, und dass Sie ihm (oder ihr) diese Vorschläge gern unterbreiten möchten. So wird er oder sie neugierig, und es kommt von Anfang an die richtige Stimmung auf. Dann lesen Sie ihm die »Schlüssel« zu Ihrem Herzen entweder vor oder lassen sie es ihn/sie selbst lesen.

Falls Sie gerade in keiner Beziehung sind, kann diese Übung für Sie genauso gewinnbringend sein wie in einer Partnerschaft. Denn nur, wenn wir selbst wissen, was wir brauchen, können wir dafür die Verantwortung übernehmen, es uns selbst zu geben oder von irgendwoher zu holen. Wenn wir uns konkrete Gedanken darüber gemacht haben, was wir von unserem »Prinzen« oder unserer »Prinzessin« erwarten, können wir es ihm oder ihr irgendwann verraten und fragen, ob er/sie dazu bereit ist.

Die eigenen Sehnsüchte und Wünsche mitzuteilen ist sehr viel liebevoller und respektvoller, als stillschweigend zu erwarten, der andere müsste sie uns von den Augen ablesen können. Unser Gegenüber weiß dann Bescheid und hat die Wahl. Besonders unfair ist es, wenn wir unsere Bedürfnisse nicht mitteilen, unser Gegenüber allerdings massiv angreifen, wenn er oder sie unsere unausgesprochenen Wünsche nicht erfüllt hat. (Einzige Ausnahme: wenn Sie sich auf eine/n Gedankenleser/in eingelassen haben.)

Stellen Sie sich abschließend vor, wie Sie in der nächsten typischen Situation Ihre Wünsche mitteilen.

Zur Vertiefungsübung »Ich-Botschaften«:

Wahrscheinlich ist Ihnen diese Übung nicht gerade leicht gefallen. Toll, dass Sie sich trotzdem Ihre Gedanken dazu gemacht haben! Für die Überprüfung, ob die Übersetzung gelungen ist, hier ein Tipp: Links ist unser Partner die Hauptperson des Satzes. Rechts sollten es wir selbst sein. Es gibt oft mehrere Übersetzungen. Je mehr wir mit unserem Mitgefühl und unserer Wahrnehmung bei uns selbst sind, umso leichter geht es.

Je häufiger wir die Abzweigung erwischt haben, umso besser geht das Fahren auf unserem Weg. Wenn es in einer Auseinandersetzung beim nächsten Mal aktuell wird, fällt uns vielleicht die Ausfahrt schon ein, sodass wir noch während des Gesprächs abbiegen können. Doch auch wenn es erst danach ist, ist es ein großer Schritt in die richtige Richtung – nämlich zu uns selbst.

Es fällt anfangs nicht leicht, sodass es manchmal zu Vermischungen kommt: Wir sprechen dann zwar über uns, z.B. »Ich fühle mich von dir schlecht behandelt«, tun dies aber in einem Ton, der unmissverständlich zum Ausdruck bringt, wer hier der Schuldige ist. Dadurch ist natürlich unser Partner nach wie vor die Hauptperson des Satzes. Seien Sie nicht zu streng mit sich, immerhin haben Sie es bemerkt! Sie befinden sich in einer Übergangsphase, in der Sie sozusagen von der Autobahn heruntergefahren sind, allerdings noch in der gleichen Richtung wie vorher unterwegs sind, nämlich mit Vollgas auf Ihren Partner zu – anstatt in niedrigerem Gang umzukehren und erst einmal zu sich selbst, also zurück nach Hause, zu fahren. Übung macht auch hier den Meister und die Meisterin. Alles andere ergibt sich von selbst ...

Stellen Sie sich abschließend vor, wie Sie in der nächsten typischen Situation in Ich-Botschaften sprechen.

Zur Vertiefungsübung »Die Lösung liegt in mir«:

Diese Übung hat es in sich. Denn es sind in Wirklichkeit die Wünsche unseres inneren Kindes an unsere »idealen Eltern«. Es ist die seelische und auch körperliche Nahrung, auf die wir oft vergeblich gehofft hatten und die wir uns schon so lange sehnlichst wünschen. Nun soll sich unser Lieblingsmensch darum kümmern. Wenn er es nicht tut, erleben wir von tiefer, schmerzender Verzweiflung über Wutanfälle bis hin zu depressiven Stimmungen das ganze Programm an so genannten unangenehmen Empfindungen. Deswegen streiten wir irgendwann unweigerlich über diese Dinge. Und das ist gut so. Denn indem wir sie so lange heiß köcheln, bis sie überkochen, können wir sie schließlich erkennen. Und wir erkennen auch, wie dringlich diese Wünsche in unseren Herzen brennen können.

Um nun den »Schritt vor das Tor« vorzubereiten, hat diese Übung einen zweiten Teil. Der geht wie folgt: Stellen Sie sich nun vor, Ihr inneres Kind hat diese aufnotierten Wünsche an Sie selbst geschrieben. Sie sind der liebevolle, ideale Elternteil, an den diese Bitten und Sehnsüchte gerichtet sind. Lesen Sie sich selbst Ihren Brief laut vor und hören Sie gut zu, denn es sind die dringlichsten Herzenswünsche Ihres inneren Kindes an Sie!

Falls dabei irgendwelche Gefühle in Ihnen aufsteigen, von Tränen der Erleichterung, Lachen oder »Fremdeln«, freuen

Sie sich und erlauben Sie sie. Sie sind sich in jedem Fall ein großes Stück näher gekommen!

Stellen Sie sich abschließend vor, wie Sie in der nächsten typischen Situation für sich selbst die Verantwortung übernehmen.

Zur Vertiefungsübung »Das Dolmetscher-Diplom«:

Ein kleiner Tipp für solche Übersetzungen: Mit den Du-Sätzen spricht Ihr Partner Sie direkt an, d.h. Sie sind zunächst die Hauptperson des Satzes. Nach der Übersetzung in »Ich-Botschaften« ist Ihr Partner die Hauptperson des Satzes.

Hinter negativen »Du-Sätzen« verbirgt sich meist einfach umgedreht der Wunsch nach dem positiven Gegenteil. Z.B. steckt hinter »Dir ist doch alles andere wichtiger als ich!« der Wunsch »Ich wünsche mir, dass ich für dich der/die Wichtigste bin!«

Hinter positiv klingenden Forderungen in »Du-Sätzen« verbirgt sich die Angst des umgedrehten, negativen Gegenteils. Z.B. steckt hinter: »Du musst mir auch mal im Haushalt helfen!« die Angst: »Ich fühle mich überfordert mit der Arbeit in der Wohnung!«

Wenn wir uns den geheimen Inhalt von »Du-Sätzen« bewusst machen, ist es leichter, Verständnis zu haben. Wenn wir mehr Verständnis füreinander haben, können wir uns dabei gegenseitig immer besser unterstützen, uns selbst zu heilen. Jeder sich, Hand in Hand.

Natürlich ist es sinnvoll, sich mit Ihrem Partner über diese Übung auszutauschen. Wenn wir wissen, was sich unser Partner wünscht, kann es ja auch durchaus sein, dass wir tatsächlich in der Lage sind, ihm den einen oder anderen Wunsch zu erfüllen. Was uns leicht fällt und was wir aus Liebe tun, macht uns bereits in diesem Moment glücklich. (Vielleicht sogar glücklicher als den »Beschenkten«.)

Stellen Sie sich abschließend vor, wie Sie in der nächsten typischen Situation die Du-Sätze Ihres Gegenübers in Ich-Botschaften übersetzen und danach fragen, ob es das ist, was der andere sich wünscht. Stellen Sie sich dabei vor, dass Ihnen bewusst ist, dass er bzw. sie selbst für die Erreichung seiner Sehnsüchte die Verantwortung trägt.

Zur Vertiefungsübung »Verstrickung«:

Der Freiheitsliebende berichtet bei dieser Übung meist von den größeren »Qualen« als der Nähe Liebende. Er fühlt sich eingeengt, festgebunden, gefesselt, in der Falle, will nur noch weg. Oft kommen auch Aggressionen hoch. Beim Lösen der Schleife fühlen sie sich erleichtert und frei.

Der Nähe Liebende findet diese Übung zunächst meist lustig und lässt den Partner führen. Er selbst passt sich bestmöglich an und freut sich über die Verbindung. Beim Lösen der Schleife fühlt er möglicherweise ganz plötzlich die Angst vor dem Verlassenwerden und Schmerz. Es kann sogar sein, dass Tränen fließen.

Keines von beiden ist besser oder schlechter. Die Übung zeigt uns unter Umständen nur, wer wer ist. Wie immer, gibt es auch Mischtypen.

Zur Vertiefungsübung »Bedingungen«:

Vielleicht haben Sie gemerkt, wie sehr wir an manchen unserer Bedingungen hängen. Eine solche Umwandlung von Sätzen kann uns ganz schön in Wallung bringen. Typische Reaktionen sind z.B. Gedanken wie: »So ein Quatsch!«, »Jetzt reicht's mir aber langsam!«, »Das ist bei mir in diesem Fall aber wirklich etwas anderes« oder »Kann ich eben nicht!« usw. Vielleicht sind Sie sogar so sehr »in Wallung« geraten, dass Sie die Übung abgebrochen und den Stift in die Ecke geworfen haben, und das ist auch völlig in Ordnung. Wir spüren selbst immer ganz genau, was für uns in Ordnung ist und wann. Vertrauen Sie Ihrem Gefühl! Wut oder Entrüstung ist eine innere Abwehrhaltung, die immer dann eintritt, wenn uns der neue Schritt zu sehr bedroht. Haben Sie Geduld mit sich und verzeihen Sie dem Buch, wenn es Sie zuweilen in Rage bringt. Die Übungen sind so angelegt, dass sie Ihnen dabei helfen können, die inneren Grenzen zu überwinden – wenn Sie das möchten. Wenn wir unsere Grenzen berühren, reagieren wir immer mit heftigen Emotionen. Machen Sie zunächst ein rotes Kreuz an die Sätze, die Sie jetzt nicht in Ihren eigenen Verantwortungsbereich holen konnten, und leben Sie in Frieden damit.

Falls Sie die Übung wirklich »durchgezogen« haben – Respekt! Es ist manchmal nicht ganz einfach, eine Bedingung loszulassen. Denn dieses Loslassen hat Konsequenzen, das spüren wir intuitiv. Wir betreten damit echtes Neuland, das Land der Selbstverantwortung. Hier weht der Wind der Freiheit und auch des »Auf-sich-selbst-gestellt-Seins«. Je nachdem, wie stark unser Selbstwertgefühl ausgeprägt ist, fühlen wir uns hier plötzlich befreit und erleichtert oder spüren ein bisschen die Angst, ob wir dem auch gewachsen sind – vielleicht auch eine Mischung von beidem. Sie dürfen wirklich stolz auf sich sein. Es ist nämlich ein ganz entscheidender, großer Schritt. Danach ist nichts mehr, wie es vorher war.

Wenn Sie ihn getan haben und auch Unsicherheit und Angst dabei empfinden, so ist alles gut gegangen. Wir haben immer Angst, wenn wir etwas völlig Neues ausprobieren, weil wir aus unserem gewohnten »Sicherheitsbereich« herausgetreten sind. Immer, wenn wir uns weiterentwickelt haben, haben wir diesen Schritt getan. Nach einer Zeit der Unsicherheit und Nervosität beginnen wir uns dann in diesem neuen Bereich langsam »zu Hause« zu fühlen, und alles in uns beruhigt sich wieder. Wir sind wieder ein Stück gewachsen. So war es beim Autofahren, und so ist es auch mit der Selbstverantwortung.

Manche Sätze sind Ihnen wahrscheinlich leichter gefallen, andere waren mit heftigen Abwehrgedanken verknüpft. Wenn Sie weiter an Ihrem bedingungslosen Glücklichsein arbeiten möchten, dann sortieren Sie die Sätze jetzt nach Schwierigkeitsgrad und überlegen Sie sich zuerst für den leichtesten, was das konkret ab morgen für Sie bedeutet. Wenn Sie dieses Stück Freiheit in Ihr Leben umgesetzt haben, können Sie sich dem nächsten Satz zuwenden.

Diese Übung funktioniert übrigens auch mit unseren Eltern und anderen wichtigen Personen wie Geschwistern, Freunden, Kollegen, Chefs.

Stellen Sie sich abschließend vor, dass Sie sich in der nächsten typischen Situation daran erinnern, dass das Tor offen ist.

Zur Vertiefungsübung »Virenscanner«:

Das war keine Übung, die Spaß macht. Dafür ist sie umso wichtiger, damit der Spuk endlich ein Ende hat.

Falls Sie bei dieser Übung kaum Negatives über sich gefunden haben, spielen Sie ganz offensichtlich mit Inbrunst das »Siegerspiel«. Das ist in Ordnung und eine relativ gute Methode, um für eine Weile auf der Sonnenseite des Lebens zu sein. Allerdings stehen wir dabei auf dünnem Eis, denn es ist nur die eine Seite der Medaille. Die andere fordert irgendwann ihr Recht.

Wenn Sie zu einem späteren Zeitpunkt noch einmal Lust auf diese Übung haben, gelingt es Ihnen vielleicht schon etwas besser, auch die andere Seite der Medaille in Ihr Selbstbild zu integrieren und nach Hause zu holen. Und haben Sie Geduld mit sich. Wenn wir viele Jahre lang das Siegerspiel gespielt haben, dann können wir nicht von heute auf morgen einfach umschalten und unsere verletzliche Seite spüren. Es braucht Zeit und unser ehrliches Bemühen, dann bekommen wir immer mal wieder einen Rockzipfel davon zu fassen.

Falls Sie viele gemeine Dinge über sich aufgeschrieben, dabei aber nichts gespürt, sondern den verbitternden Eindruck haben, »es stimmt ja auch«, dann sind Sie als Kind sehr tief verletzt worden. Wahrscheinlich mögen Sie Ihr inneres Kind nicht besonders und auch andere Kinder nicht. Das ist ein deutliches Zeichen, dass Sie sehr schlecht behandelt wurden und sich von Ihren Gefühlen distanziert haben. Sie haben die Strategie der zwei Ichs so verinnerlicht, dass Sie Ihr verzweifeltes inneres Kind nicht mehr spüren müssen – weil Sie es nicht ertragen hätten. Sie haben sozusagen die Seiten gewechselt und sind auf die Seite des Anklägers gegangen. Sich selbst zu verurteilen ist immer noch besser, als selbst auf dem Sünderbänkchen zu sitzen und das Urteil zu erwarten. Wahrscheinlich spielen Sie das Verliererspiel und sind noch immer im Schock.

Da dieses Szenario »nur« in unserem inneren Film abläuft und nicht in der Realität, können Sie – sobald Sie sich das zutrauen – mit viel Geduld langsam wieder den Kontakt zu der »verurteilten« und verlassenen Seite in sich aufnehmen. Z.B., indem Sie sich all die Gemeinheiten selbst vorlesen und zuhören – nicht als Ankläger, sondern als Beklagter. Dieser Prozess (im wahrsten Sinne des Wortes) läuft sowieso in uns ab. Indem wir ihn uns mit dieser Übung absichtlich bewusst machen, bekommen wir die Macht darüber zurück. Wir kommen dem unbewussten, zerstörerischen Ablauf auf die Spur, weil wir seine niederschmetternde Wirkung kennen und in Zukunft erkennen. Dieser Mechanismus kann uns nie mehr unbemerkt schwächen.

Vielleicht haben Sie bei dieser Übung aber schon gespürt, wie sich Ihr inneres Kind fühlt, wenn der innere Richter in Aktion ist. Hier liegt die Ursache für all unsere seelischen Qualen. Und genau hier liegt auch die Lösung.

Ein schönes symbolisches Ritual ist es, all diese gemeinen Sätze einzeln auf kleine Zettel zu schreiben und feierlich zu verbrennen. Während sie in Rauch aufgehen, können Sie schon spüren, wie erleichtert Sie sich fühlen.

Das war der Kern unserer selbst inszenierten Horrorfilme – und es hat nichts mit der Wahrheit zu tun. Am besten, Sie gehen nach diesem Abschnitt erst einmal duschen und stellen sich dabei vor, dass das Wasser Ihnen all die gemeinen und schmerzenden Missverständnisse ein für allemal von der Seele wäscht. Denn es waren nur Lügen des inneren Richters!

Falls er ab jetzt wieder einmal seine anklagende Stimme erheben sollte, erkennen Sie ihn sofort und können Ihr verletztes Inneres vor ihm schützen. Es ist nicht nötig, gegen ihn zu kämpfen, denn innere Kämpfe kosten immer Kraft. Wir aber wollen ja Kraft gewinnen. Es reicht völlig zu erkennen, wer da gerade in uns sein Unwesen treibt. Durchschauen Sie einfach diesen Automatismus – das entzieht ihm nach und nach die Energie. Irgendwann ist er nur noch ein kurzer Gedanke ohne Effekt auf Ihre Gefühle.

Sie können Ihrem inneren Kind immer sagen, dass falsch ist, was der innere Richter sagt. Und dass es in Wahrheit ein sehr liebenswertes, wundervolles Wesen ist mit unglaublich vielen Fähigkeiten und Möglichkeiten. Und dass Sie sich sehr freuen, dass es hier ist. Am besten tun Sie das ab jetzt jeden Abend beim Einschlafen ...

Stellen Sie sich jetzt abschließend vor, wie Sie in der nächsten typischen Situation dem inneren Richter: »*Stopp!*« sagen und sich wie ein guter Freund um Ihr inneres Kind kümmern.

Zur Vertiefungsübung »Selbstheilung«:

Wenn Sie mit dieser Übung gut zurechtkamen, haben Sie wahrscheinlich gemerkt, wie diese Fragen Ihr Gefühl ins Positive verändert haben. Das ist der Weg zu einem guten Lebensgefühl, und je öfter Sie ihn gehen, umso leichter fällt es Ihnen, und umso deutlicher ist es spürbar. Der innere Richter hört nicht von einem Tag auf den anderen auf, sein Unwesen zu treiben, aber Sie wissen jetzt, wie Sie ein gesundes Ausgleichsgewicht in sich selbst herstellen können.

Von diesem positiven Lebensgefühl aus können Sie wie eine Art innerer Schutzengel Ihr inneres Kind heilen, indem Sie die Lügen des inneren Richters aufdecken und richtigstellen. Von hier aus können Sie Ihre empfindsame und verletzliche Seite mit Mitgefühl verteidigen, trösten und beschützen. Von hier aus können Sie sich dem Wunschzettel Ihres inneren Kindes zuwenden und dafür die Verantwortung übernehmen.

Von hier aus können Sie auch Ihrem Partner verzeihen, wenn er Ihnen versehentlich wehgetan hat, und ihm den Raum geben, den er oder sie braucht. Von hier aus können Sie mehr und mehr Nähe und Intimität zulassen, denn Sie wissen nun, wie Sie Ihrem inneren Kind beistehen können, wenn es Sie braucht. Von hier aus können Sie sich einfach irgendwann so benehmen, als wären Sie total selbstbewusst – und probieren immer wieder einmal aus, was passiert ...

Falls Sie die Übung an einem Tag gemacht haben, an dem es Ihnen nicht gut ging, kann es sein, dass Sie echte Schwierigkeiten damit hatten und sich durch die Fragen noch schlechter als vorher fühlten. Was ist hier passiert? Unser innerer Richter boykottiert unsere Bemühung um ein stabiles Selbstwertempfinden, denn er hat Angst, er verliert seinen Job. Und wer ist schon gerne arbeitslos? Deshalb flüstert er uns möglicherweise bei dieser Übung ins Ohr: »Du hast keine Stärken! Wer könnte schon etwas Positives über dich sagen? – Niemand! Du hast in deinem Leben nichts zustande gebracht, was der Rede wert wäre! Dir fällt jetzt bestimmt kein schöner Moment ein (oder nur mit einem großen ABER danach), denn es gab keine richtig schönen Momente, dein Leben ist und bleibt einfach mies! Du weißt nicht, wie es sich anfühlt, selbstbewusst zu sein, denn du bist und bleibst mittelmäßig« usw.

Es ist logisch, dass sich dann unser inneres Kind schlecht fühlt. Haben Sie Mitgefühl mit sich, denn was er Ihnen ins Ohr flüstert, ist eine Lüge, und wir haben ihn bereits durchschaut. Er steht schon auf dünnem Eis. Machen Sie die Übung noch einmal an einem Tag, an dem es Ihnen besser geht. Es ist nur der alte Film, er hört bald auf. Bleiben Sie geduldig und hartnäckig, z.B. so:

Das allabendliche Selbstwert-Training:

Eine gute Hilfe, um Ihr Selbstwertgefühl täglich weiter aufzubauen, ist folgende »allabendliche Selbstlob-Übung«:

Führen Sie ab jetzt eine Art Tagebuch oder legen Sie am Computer eine Datei an, in die Sie jeden Abend hineinschreiben, was Ihnen an diesem Tag gut gelungen ist, wofür Sie sich mögen oder wo Sie sich selbst übertroffen haben. Es sollten jeden Abend mindestens fünf Dinge sein, die Sie eintragen, auch wenn es anfangs recht zäh geht. So lernt unser Unterbewusstsein langsam, aber sicher, auch die positiven Aspekte unser selbst mehr und mehr wahrzunehmen und anzuerkennen. Der innere Richter möchte solche Übungen gern boykottieren, da er weiß, dass er durch sie an Macht verliert. Also bleiben Sie dran, auch wenn es an manchen Tagen nicht ganz einfach ist. Alles Weitere ergibt sich von selbst.

Stellen Sie sich abschließend vor, dass Sie in der nächsten typischen Situation sich selbst an die positiven Seiten von sich und Ihrem Leben erinnern können.

Zur Vertiefungsübung
»Die eigenen Grenzen schützen«:

Es geht bei dieser Übung darum, unsere illusionären Hoffnungen auf eine Änderung im Außen zu beenden. Wir hoffen manchmal schon viel zu lange, dass ein Wunder passiert, und leiden oder kämpfen dabei Jahr um Jahr. Was aber, wenn wir wüssten, dass es nie geschieht? Würden wir dann nicht schon heute eine andere Entscheidung treffen? Und wenn ja, welche?

Die Hoffnung auf Besserung durch das Außen wegzunehmen bedeutet für uns, dass wir unser Bedürfnis und unsere Grenzen erstmalig total ernst nehmen und in letzter Konsequenz betrachten. Haben wir das getan, dann spüren wir, dass wir eine Entscheidung treffen können. Entweder entscheiden wir uns dafür, an unserer Fähigkeit zu arbeiten, mit dem Umstand so zurechtzukommen, dass wir dabei unsere Selbstliebe und Selbstachtung behalten können. Das kann das Richtige sein. Oder wir entscheiden uns, die Situation zu verlassen bzw. von unserer Seite aus »nicht mehr mitzuspielen« und definitiv einen anderen Weg einzuschlagen. Auch das kann das Richtige sein. Letzteres ist oft mit sehr viel Mut verbunden und der Geduld, sich während des Weges alle nötigen Fähigkeiten anzueignen und Hilfe zu holen.

Haben wir uns entschieden zu bleiben, weil bestimmte Werte oder Ängste in uns eine andere Möglichkeit ausschließen, so spüren wir jetzt, dass es unsere Entscheidung ist. Dadurch fühlen wir uns nicht mehr wie ein Opfer der Umstände, das gefangen ist, sondern wieder frei und würdevoll in unserer

Entscheidung für die Situation. Erlauben Sie sich in diesem Fall ruhig, die Trauer zu spüren oder was auch immer. Wenn Sie merken, Sie lassen sich auf eine Art »Kompromiss« ein, der nicht leicht zu ertragen ist, dann legen Sie eine Zeitspanne und Mindestregeln fest, die während dieser Zeit eingehalten werden müssen. Besprechen Sie diese mit allen Beteiligten. Nach Ablauf der Zeitspanne überlegen Sie die Angelegenheit neu.

Manchmal machen wir es uns auch dadurch unnötig schwer, dass wir bei einer Lösung immer in »Entweder-oder«-Sätzen gedacht haben. Meist ist jedoch eine Verknüpfung von beidem möglich, indem wir nach dem Schema: »Wie kann ich x *und* y gleichermaßen berücksichtigen?« weiterdenken. Prüfen Sie Ihre Sätze daraufhin genau. Sobald Ihnen eine Lösung einfällt, die beide Bedürfnisse berücksichtigt, notieren Sie sie. Eine weitere Möglichkeit, auf gute Ideen zu kommen, ist diese: Stellen Sie sich einfach jemanden vor, der selbstbewusst und liebevoll mit sich selbst umgeht, entweder jemanden, den Sie kennen, oder erfinden Sie einfach eine solche Person. Dann überlegen Sie, wie diese Person wohl mit Ihrem Problem umgehen würde.

Falls Sie bei dieser Übung große Schwierigkeiten hatten und es Ihnen recht schlecht ging, können Sie sicher sein, dass Ihr innerer Richter am Werk war. Vielleicht haben Sie wieder einmal gespürt, wie hoffnungslos wir uns fühlen können, wenn er uns so richtig »einheizt«. Gehen Sie am besten spazieren oder joggen, und duschen Sie danach seinen Einfluss ab. Danach bleiben Sie an Ihrem Projekt »Selbstliebe« hartnäckig dran, und machen Sie nach einiger Zeit diese Übung einfach noch einmal.

Stellen Sie sich abschließend vor, dass Sie in der nächsten typischen Situation wissen, es ist allein Ihre Entscheidung, wie Sie handeln.

Zur Vertiefungsübung
»Erwartung-Ergebnis-Vergleich«:

Sie können Ihre Zielerreichung z.B. dadurch weiter sichern, dass Sie manche der Anregungen in diesem Buch zu einer schönen täglichen Gewohnheit machen oder dass Sie zu diesen oder ähnlichen Themen weitere Bücher lesen (Tipps finden Sie in der Literaturliste am Ende dieses Buches); Sie können sich weiter mit dem Thema befassen, indem Sie eventuell eine Therapie beginnen, um sich ganz individuell unterstützen zu lassen, oder indem Sie beginnen, regelmäßig zu meditieren, indem Sie eine Selbsterfahrungsgruppe zum Thema »Inneres Kind« (oder andere) besuchen oder sich zu einem »Familienstellen nach Hellinger« anmelden. Sicher haben Sie selbst auch noch einige gute Ideen, die Sie persönlich weiterbringen – die eigenen sind meistens die besten.

Je konkreter unser Plan ist, umso sicherer erreichen wir unser Ziel! Also schreiben Sie sich in eine Spalte, was genau Sie zu tun beabsichtigen, und in die zweite Spalte, wann genau, wo und mit wem. Am besten jetzt gleich.

Stellen Sie sich dann abschließend vor, dass Sie jeden Tag weiter an Ihrem Projekt Selbstliebe und Liebe arbeiten und dabei viele spannende und befreiende Erfahrungen machen.

Und denken Sie immer dran: Das Tor ist offen!

Weitere Informationen über Seminare, Beratung und Therapie erhalten Sie von:

Jutta D. Blume
Ottostr. 19

90522 Oberasbach

Tel.: 09 11-9 69 36 09
E-mail: Diplpsych_JuttaBlume@web.de

Bücherliste

Chopich, Erika J. & Paul, Margaret (1990): *Aussöhnung mit dem inneren Kind.* Berlin.

Fromm, Erich (1956): *Die Kunst des Liebens.* Neu übers. Ausgabe 1980. Berlin.

Gray, John (1993): *Männer sind anders. Frauen auch. Männer sind vom Mars. Frauen von der Venus.* München.

Kensington, Ella (2000): *Mary. Die unbändige, göttliche Lebenslust.* Bochum.

Krishnananda (Dr. Thomas Trobe, MD.) (1998): *Liebeskummer lohnt sich doch. Co-Abhängigkeit in Beziehungen und die Ängste des inneren Kindes.* München.

Krishnananda (Dr. Thomas Trobe, MD.) (2001): *Liebe ist (k)ein Kinderspiel. Von unseren Ängsten und der Kunst, aus Beziehungen zu lernen.* München.

Norwood, Robin (1984): *Wenn Frauen zu sehr lieben. Die heimliche Sucht gebraucht zu werden.* Reinbek.

Schellenbaum, Peter (1986): *Das Nein in der Liebe. Abgrenzung und Hingabe in der erotischen Beziehung.* München.

Smothermon, Ron (1993): *Drehbuch für Meisterschaft im Leben.* Bielefeld.

Smothermon, Ron (1996): *Drehbuch II. Das Mann/Frau Buch. Die Transformation der Liebe.* Bielefeld.

Tannen, Deborah (1990): *Du kannst mich einfach nicht verstehen.* München.

Die Leserinnen lieben sie: Tanja Wekwerths launige Kolumne „Tanja´s Welt" mit Geschichten aus dem Alltag von jungen Müttern, die wöchentlich in der Zeitschrift „Laura" erscheint. Was tun, wenn die Tante überraschend zu Besuch kommt? Muss man den Fitnesswahn mitmachen? Was wünscht sich die Mutter zum Muttertag? Was kann beim Frühlingspicknick so alles passieren? Mit viel Humor zeigt „Tanja's Welt", wie das Leben der „Superweiber" wirklich aussieht.

Tanja Wegwerth
Tanja's Welt
208 Seiten, Hardcover
ISBN 3-8118-1738-8

Jung und fit bleiben – der Traum von der ewigen Jugend ist so alt wie die Menschheit. Und zudem top-aktuell: Denn noch nie gab es so viele Mittel, das Altern hinauszuzögern. Das Buch verrät, was man tun kann, um sich mit fünfzig oder sechzig Jahren wie dreißig zu fühlen: durch Gesundbleibmittel wie Kombucha, durch Entspannungsübungen wie die sieben Tibeter, durch die richtige Ernährung mit Vitaminen und Mineralstoffen. Dazu gibt es Tipps zu Schönheitsfarmen, zu Kosmetik und zu Fitness.

Nina Janda
Always young
160 Seiten, Hardcover
ISBN 3-8118-1679-9

Manfred Backhaus gibt in diesem Buch Tipps zur Sofortentwöhnung und für den schnellsten Weg zur letzten Zigarette. Er beschreibt verschiedene Methoden, von der Raucher-Sofortentwöhnungskur in der naturheilkundlichen Klinik bis zum „Selbstversuch" zu Hause. Tipps für die „Zeit danach" helfen, Rückfälle zu vermeiden.

Manfred Backhaus
Nie mehr Rauchen!

208 Seiten, Hardcover
ISBN 3-8118-1581-4